時代を動かした人々 7 ［維新篇］

奔れ！憂い顔の剣士

桂 小五郎

古川 薫

目次

装画……………岡田嘉夫
装丁……………中村友和（ROVARIS）

プロローグ

夜明けの地平に燃える青春

世《よ》の中《なか》が変《か》わるときの歴史《れきし》は、
新《あたら》しい時代《じだい》を産《う》みおとすための苦《くる》しみからはじまり、
それは期待《きたい》をはらみながらも残酷《ざんこく》で、悲壮《ひそう》で、
そして華麗《かれい》な青春《せいしゅん》の舞台《ぶたい》でもある。

徳川幕府《とくがわばくふ》の政治体制《せいじたいせい》が揺《ゆ》らぎ、
近代国家《きんだいこっか》に生《う》まれかわろうとする日本《にほん》の
幕末《ばくまつ》といわれる時代《じだい》の主役《しゅやく》も
やはり若者《わかもの》にまわってきた。
彼《かれ》らはすぐれた英知《えいち》と、
たくましい行動力《こうどうりょく》をもって志士《しし》となり、
夜明《よあ》けの地平《ちへい》を走《はし》った。

加熱《かねつ》する列島《れっとう》の土《つち》を蹴《け》って突進《とっしん》し、
あるいは燃《も》え尽《つ》き、
あるいは死線《しせん》を越《こ》えて、
志《こころざし》を繋《つな》ぎながら、
時代《じだい》の舵輪《だりん》を握《にぎ》ったのだ。

いまここに登場《とうじょう》する長州藩士《ちょうしゅうはんし》・桂小五郎《かつらこごろう》も
激動《げきどう》の日本《にほん》に生《う》まれ出《で》た二十歳《はたち》の若《わか》きサムライである。
本州《ほんしゅう》さいはての長州《ちょうしゅう》から剣術修行《けんじゅつしゅぎょう》で江戸《えど》に出《で》た彼《かれ》は、
練兵館道場《れんぺいかんどうじょう》の荒稽古《あらげいこ》に耐《た》えて
神道無念流免許皆伝《しんとうむねんりゅうめんきょかいでん》の剣士《けんし》となるが、
黒船来航《くろふねらいこう》に遭遇《そうぐう》して時代《じだい》にめざめた。

近代兵器《きんだいへいき》アームストロング砲《ほう》を搭載《とうさい》した巨大《きょだい》な軍艦《ぐんかん》。
黒船《くろふね》は空砲《くうほう》を轟《とどろ》かせて日本人《にほんじん》を威圧《いあつ》し、
国《くに》をひらけと強談判《こわだんぱん》。
幕末《ばくまつ》の日本人《にほんじん》がはじめて経験《けいけん》した異国《いこく》の風圧《ふうあつ》。
それを「外圧《がいあつ》」という。
日本人《にほんじん》はこのときから長《なが》い期間《きかん》にわたって
外圧《がいあつ》という悪魔《あくま》に脅《おびや》かされた。
桂小五郎《かつらこごろう》はそれから外圧《がいあつ》と戦《たたか》う剣士《けんし》となった。
剣士《けんし》の魂《たましい》を心《こころ》に秘《ひ》めて、
小五郎《こごろう》は新《あたら》しい軍事技術《ぐんじぎじゅつ》にとり組《く》んだのだった。
眉濃《まゆこ》く、眼光涼《がんこうすず》しく、口元《くちもと》ひきしまり、鼻《はな》すじとおった好男子《こうだんし》。

無口《むくち》で、いつも憂《うれ》いをふくんだ微笑《ほほえ》みを浮《う》かべ、
志士《しし》のなかでは最高《さいこう》のハンサムといわれた。
「憂《うれ》い顔《がお》の剣士《けんし》」桂小五郎《かつらこごろう》。
その憂《うれ》いとは憂国《ゆうこく》の憂《うれ》いだが、
中世《ちゅうせい》ヨーロッパの女性《じょせい》たちがあこがれ、
かのドン・キホーテが空想《くうそう》した美《うつく》しい甲冑《かっちゅう》の戦士《せんし》。
それが魅惑的《みわくてき》な憂《うれ》い顔《がお》の騎士《きし》である。
いざ「憂《うれ》い顔《がお》の志士《しし》」桂小五郎《かつらこごろう》の飛翔《ひしょう》する人生《じんせい》を語《かた》ろう。

第一章

神道無念流

兵《へい》は凶器《きょうき》なり

桂小五郎《かつらこごろう》が学《まな》んだ神道無念流《しんとうむねんりゅう》という剣術《けんじゅつ》は、
神《かみ》から授《さず》かった無念無想《むねんむそう》の極意《ごくい》を伝《つた》える剣技《けんぎ》だ。
無念流《むねんりゅう》の「流《りゅう》」とはなんだろう。
『説文解字《せつもんかいじ》』（漢字《かんじ》の成《な》り立《た》ちを説明《せつめい》した中国最古《ちゅうごくさいこ》の字引《じび》き）によれば、
「流《りゅう》」は「下《しも》へ、下《しも》へとくだるもの」とある。
師《し》から弟子《でし》へ、弟子《でし》から、
そのまた弟子《でし》へ伝《つた》える奥義《おうぎ》を「流《りゅう》」という。
神道無念流《しんとうむねんりゅう》もいろいろなことを伝《つた》え教《おし》えた。

桂小五郎《かつらこごろう》の師《し》・斎藤弥九郎《さいとうやくろう》が力《ちから》をこめて教《おし》えたのは、
「兵《へい》は凶器《きょうき》なり」ということだった。
それは神道無念流《しんとうむねんりゅう》の練兵館道場《れんぺいかんどうじょう》の板壁《いたかべ》に、
大《おお》きく貼《は》り出《だ》され、門人《もんじん》たちは稽古《けいこ》のたびに、
声《こえ》をあげて読《よ》まされた。

兵《へい》は凶器《きょうき》といえば、
その身《み》一生《いっしょう》用《もち》うることなきは
大幸《たいこう》というべし。
これを用《もち》うるは
やむことを得《え》ざる時《とき》なり。
わたくしの意趣遺恨《いしゅいこんとう》等に決《けっ》して用《もち》うるべからず。

これすなわち暴《ぼう》なり。

刀《かたな》は凶器《きょうき》だから、それを抜《ぬ》かずにすめば、
一生《いっしょう》の幸《しあわ》せというべきだ。
刀《かたな》を使《つか》うのは、自分《じぶん》の身《み》を守《まも》るため、
やむを得《え》ざる時《とき》だ。
まして個人的《こじんてき》な恨《うら》みなどで刀《かたな》をふるうのは
絶対《ぜったい》にいけない。
それは下劣《げれつ》な暴力《ぼうりょく》にすぎない。

小五郎《こごろう》は終生《しゅうせい》その教《おし》えを守《まも》りぬいた。
京都《きょうと》では新選組《しんせんぐみ》に襲《おそ》われそうになったりもしたが、

刀《かたな》は抜《ぬ》かなかった。
恋人《こいびと》の機転《きてん》にたすけられて、うまく逃《に》げた。
神道無念流免許皆伝《しんとうむねんりゅうめんきょかいでん》の腕《うで》をもちながら、
小五郎《こごろう》はついに刀《かたな》を抜《ぬ》いて人《ひと》を斬《き》らなかった。
小五郎《こごろう》は心優《こころやさ》しい憂《うれ》い顔《がお》の剣士《けんし》。
小五郎《こごろう》は強《つよ》くてハンサムな勤王《きんのう》の志士《しし》だった。

御曹司《おんぞうし》の旅立《たびだ》ち

嘉永《かえい》五(一八五二)年《ねん》の秋《あき》が深《ふか》まろうとするころ。

背《せ》のひょろ長《なが》い侍《さむらい》がひとり、萩城《はぎじょう》の外堀《そとぼり》にそった道《みち》を歩《ある》いている。藩校明倫館《はんこうめいりんかん》の授業《じゅぎょう》が終《お》わったあとの、のんびりした足《あし》どりだ。

二十歳《はたち》の桂小五郎《かつらこごろう》である。

この年齢《ねんれい》で、自宅《じたく》から学校《がっこう》に通《かよ》うというのは、あまり名誉《めいよ》なことではない。

——入舎生《にゅうしゃせい》。

家《いえ》から通学《つうがく》する学生《がくせい》は、そのように呼《よ》ばれる。それに対《たい》して、校内《こうない》の寄宿舎《きしゅくしゃ》に寝《ね》起《お》きして学《まな》ぶ者《もの》を「居寮生《きょりょうせい》」といった。学費《がくひ》は藩《はん》から支給《しきゅう》される。学力優秀《がくりょくゆうしゅう》な藩士《はんし》は、入舎生《にゅうしゃせい》のなかから選《えら》ばれて、居寮生《きょりょうせい》となった。

小五郎《こごろう》は、いつまでも入舎生《にゅうしゃせい》のままだ。明倫館《めいりんかん》には、規則《きそく》に従《したが》って十四歳《さい》のとき入学《にゅうがく》した。藩校《はんこう》にあがれるのは、武士《ぶし》の子《こ》だけである。

それ以前《いぜん》、十歳《さい》のとき小五郎《こごろう》は、城下《じょうか》の私塾《しじゅく》で素読《そどく》（漢文学習《かんぶんがくしゅう》の初歩《しょほ》で、意味《いみ》よりもまず文字《もじ》の読《よ》みだけを教《おそ》わる）を学《まな》んだ。ひとまず読《よ》み書《か》きの基本《きほん》をおさめて、藩校《はんこう》に進学《しんがく》するのである。どこの武家《ぶけ》でもそうだから、藩校入学《はんこうにゅうがく》当時《とうじ》は、ドングリの背《せい》くらべだが、そこから競争《きょうそう》がはじまるのだ。

いつまでも居寮生《きょりょうせい》になれない者《もの》は、出世《しゅっせ》が遅《おく》れる。そんなことは気《き》にせず、のんびり勉強《べんきょう》する者《もの》もすくなくない。小五郎《こごろう》もそのひとりである。

小五郎《こごろう》より六年《ねん》おそく入学《にゅうがく》した高杉晋作《たかすぎしんさく》も、居寮生《きょりょうせい》になれなかった。彼《かれ》の場合《ばあい》は剣術《けんじゅつ》の稽古《けいこ》に身《み》をいれて勉学《べんがく》にはげまず、ついには明倫館《めいりんかん》はおもしろくないといって、吉田松陰《よしだしょういん》がひらいた松下村塾《しょうかそんじゅく》に行《い》ってしまった。

小五郎《こごろう》が明倫館《めいりんかん》にいるころ吉田《よしだ》松陰《しょういん》は、兵学教授《へいがくきょうじゅ》だった。小五郎《こごろう》は嘉永《かえい》二年《ねん》に松陰《しょういん》の兵《へい》学門下《がくもんか》に名《な》をつらねたが、これもあまり本気《ほんき》ではなかった。そのうちに松陰《しょういん》は江戸《えど》に出《で》ている。

小五郎《こごろう》が、すこしばかりはげんだのは剣術《けんじゅつ》と詩《し》の勉強《べんきょう》だった。それで藩校《はんこう》での勉学《べんがく》が進《すす》まなかったといえそうだが、剣術《けんじゅつ》も詩《し》も情熱《じょうねつ》を燃《も》えたぎらせてとり組《く》むというわけでもなかった。

要《よう》するにはげみもせず、さほど怠《なま》けもせずといったかたちで、これといった目標《もくひょう》も見《み》あたらず、ぼんやりとその日《ひ》その日《ひ》を過《す》ごしていたのである。小五郎《こごろう》の父《ちち》は藩医《はんい》だから、暮《く》らしは裕福《ゆうふく》だ。

武家《ぶけ》の養子《ようし》になったのだから、小五郎《こごろう》は医者《いしゃ》になって家業《かぎょう》を継《つ》ぐこともない。実家《じっか》の和《わ》田家《だけ》では、すでに医者《いしゃ》の養子《ようし》をとって跡継《あとつ》ぎは決《き》まっている。

そんなわけで、まったく緊張感《きんちょうかん》のない日常生活《にちじょうせいかつ》だった――。

外堀《そとぼり》の水面《すいめん》を、木《こ》の葉《は》がすべるのを見《み》て、小五郎《こごろう》はちょっと立《た》ちどまった。詩《し》がひとつできそうな気《き》がしたのだ。うしろから彼《かれ》の名《な》を呼《よ》んで走《はし》ってくる人《ひと》の気配《けはい》に一瞬《いっしゅん》気《き》づかなかった。男《おとこ》は、小五郎《こごろう》に追《お》いつきざま、息《いき》をはずませながらいう。

「桂《かつら》さん、どうもおもしろうないことがある」

小五郎《こごろう》はおどろいた顔《かお》で、その小太《こぶと》りな山県武之進《やまがたたけのしん》を見《み》た。

「おもしろうないこと？」

「そうじゃあ、どだいおもしろうない」

山県武之進《やまがたたけのしん》は、大組士《おおぐみし》（藩士《はんし》の中心的身分《ちゅうしんてきみぶん》）の子《こ》で、小五郎《こごろう》よりふたつ年下《としした》だ。のちの大和国之助《やまとくにのすけ》である。大和家《やまとけ》の養子《ようし》になった彼《かれ》は、やがて志士《しし》として活躍《かつやく》するが、藩内《はんない》の派《は》閥抗争《ばっこうそう》にまきこまれて斬首《ざんしゅ》の刑《けい》に処《しょ》せられた。

このころ武之進《たけのしん》と小五郎《こごろう》は、内藤作兵衛《ないとうさくべえ》という明倫館《めいりんかん》の剣術師範《けんじゅつしはん》について剣術《けんじゅつ》を学《まな》んでいた。明倫館《めいりんかん》のおもな剣術師範《けんじゅつしはん》は四人《よにん》いる。小五郎《こごろう》は柳生新陰流《やぎゅうしんかげりゅう》の内藤作兵衛《ないとうさくべえ》についた。

やはり小五郎《こごろう》より数年遅《すうねんおく》れて高杉晋作《たかすぎしんさく》も作兵衛《さくべえ》に師事《しじ》した。晋作《しんさく》は七年後《ねんご》に作兵衛《さくべえ》から柳生新陰流《やぎゅうしんかげりゅう》の免許皆伝《めんきょかいでん》をうけている。小五郎《こごろう》はこの師範《しはん》から、あまり期待《きたい》されていなかった。はげみ方《かた》からすれば、とうぜんだろう。作兵衛《さくべえ》から見《み》こみがないと思《おも》われているのは、山県武之進《やまがたたけのしん》も同様《どうよう》で、じつは彼《かれ》が「どだいおもしろうない」というのは、そのことなのであった。

「近《ちか》く斎藤先生《さいとうせんせい》が江戸《えど》に帰《かえ》られるとき、藩士《はんし》五人《にん》が随行《ずいこう》することは知《し》っちょるでしょう」

「決《き》まったか」

「決《き》まりましたよ。わたしの名《な》も、桂《かつら》さんの名《な》もありません」

武之進《たけのしん》が憤然《ふんぜん》としていう。

江戸《えど》で有名《ゆうめい》な神道無念流《しんとうむねんりゅう》の剣士《けんし》斎藤弥九郎《さいとうやくろう》の子《こ》、新太郎《しんたろう》も相当《そうとう》な使《つか》い手《て》である。九州旅《きゅうしゅうりょ》行《こう》から江戸《えど》に帰《かえ》る途中《とちゅう》、萩城下《はぎじょうか》に立《た》ちよった斎藤新太郎《さいとうしんたろう》は、長州藩《ちょうしゅうはん》の藩士《はんし》らと立《た》ち合《あ》い、父親《ちちおや》をしのぐその腕前《うでまえ》を披露《ひろう》した。ひきあげるにあたって、新太郎《しんたろう》は藩主毛利慶親《はんしゅもうりよしちか》（のちの敬親《たかちか》）に「斎藤道場《さいとうどうじょう》で修行《しゅぎょう》したい希望《きぼう》があれば五人《にん》を江戸《えど》につれて帰《かえ》りたい」といった。藩主《はんしゅ》は大《おお》よろこびで、さっそく五人《にん》の人選《じんせん》にかかり、各剣術師範《かくけんじゅつしはん》から有能《ゆうのう》な弟子《でし》を推薦《すいせん》するように命《めい》じたのだ。

「だれに決《き》まった」

「馬木先生《まきせんせい》のところからは財満新三郎《ざいましんざぶろう》、平岡先生《ひらおかせんせい》の門下《もんか》は佐久間卯吉《さくまうきち》、北川先生《きたがわせんせい》の門下《もんか》は林乙熊《はやしおとくま》……」

「で、内藤門下《ないとうもんか》はだれだ」

「河野右衛門《こうのうえもん》と永田健吉《ながたけんきち》です」

「…………」

小五郎《こごろう》は、急《きゅう》に黙《だま》りこんだ。

「河野《こうの》や永田《ながた》なら、いつも三本《ぼん》のうち二本《ほん》は桂《かつら》さんがとるじゃないですか。わたしにしても永田《ながた》となら互角《ごかく》じゃ。内藤先生《ないとうせんせい》が、なしてあのふたりを選《えら》ばれたかわからん。おもしろうないですよ。しかも……」

「武之進《たけのしん》、すこし静《しず》かにせい」

小五郎《こごろう》は不機嫌《ふきげん》にいって、腕《うで》を組《く》んだ。胸《むね》のなかで音《おと》をたてて崩《くず》れるものがある。彼《かれ》はそのときになって、自分《じぶん》がいかに強《つよ》い期待《きたい》をもってこの人選《じんせん》の結果《けっか》を待《ま》っていたかを、思《おも》い知《し》ったのだった。

内藤門下《ないとうもんか》では、河野《こうの》・永田《ながた》・桂《かつら》・山県《やまがた》が四天王《してんのう》といわれている。双璧《そうへき》は河野右衛門《こうのうえもん》と小《こ》五郎《ごろう》というのが、だれの目《め》にも異論《いろん》のないところである。それなのになぜ小五郎《こごろう》をおいて河野《こうの》と永田《ながた》が選《えら》ばれたのか。どうも納得《なっとく》できない。

小五郎《こごろう》と武之進《たけのしん》が、江戸《えど》へ剣術修行《けんじゅつしゅぎょう》に出《で》ようと話《はな》し合《あ》ったのは、まえの年《とし》の嘉永《かえい》四年《ねん》のことだった。武之進《たけのしん》は田舎暮《いなかぐ》らしから逃《に》げ出《だ》し、大都会《だいとかい》でなにか夢《ゆめ》を追《お》いたいという漠然《ばくぜん》とした希望《きぼう》を抱《いだ》いている。小五郎《こごろう》の場合《ばあい》は、江戸《えど》に出《で》たいというはっきりした理由《りゆう》がない。強《し》いていえば退屈《たいくつ》していたのである。

学問《がくもん》のほうはあまり熱心《ねっしん》にやらなかったが、剣術《けんじゅつ》はまあまあの線《せん》まできている。剣術修《けんじゅつしゅ》行《ぎょう》のため江戸《えど》に出《で》るといっても、いちおう格好《かっこう》はつくというものだ。そんなふうに考《かんが》えていたが、父親《ちちおや》がおいそれと許《ゆる》してくれない。

「江戸《えど》に行《い》くことはあるまい」と、反対《はんたい》された。反対《はんたい》をおしてでもといった意欲《いよく》もないまにわすれかけているところ、斎藤新太郎《さいとうしんたろう》が萩《はぎ》にやってきて、五人《にん》をつれて帰《かえ》るという。好機到来《こうきとうらい》だった。選《えら》ばれれば、藩《はん》がすべての費用《ひよう》を支給《しきゅう》してくれるのだ。小五郎《こごろう》にかぎらず、だれもが熱《あつ》い期待《きたい》をもって、結果《けっか》を待《ま》っていたのである。だめだとわかると、失望《しつぼう》と同時《どうじ》に不満《ふまん》が噴《ふ》きあげてきた。

山県武之進《やまがたたけのしん》と別《わか》れた小五郎《こごろう》は、江戸屋横丁《えどやよこちょう》の和田家《わだけ》に帰《かえ》ると、二階《かい》の自室《じしつ》にごろりと寝《ね》ころんで、しばらく考《かんが》えこんでいたが、急《きゅう》にむっくり起《お》きあがり、外出《がいしゅつ》の支度《したく》をはじめた。内藤作兵衛《ないとうさくべえ》を訪《たず》ねるつもりである。人通《ひとどお》りのすくない屋敷町《やしきまち》の路地《ろじ》をいそいだ。作兵衛《さくべえ》の屋敷《やしき》は、秀岳院通《しゅうがくいんどお》りにある。四十七石《こく》の大組士《おおぐみし》で「剣術者新陰流 柳生家当流《けんじゅつしゃしんかげりゅうやぎゅうけとうりゅう》」という表《ひょう》札《さつ》を出《だ》している。藩校明倫館《はんこうめいりんかん》の師範《しはん》として、明治維新《めいじいしん》に活躍《かつやく》した大勢《おおぜい》の藩士《はんし》が弟子《でし》のなかにいる。高杉晋作《たかすぎしんさく》そして桂小五郎《かつらこごろう》もやがてそのひとりに数《かぞ》えられるのである。

先《さき》の話《はなし》になるが、作兵衛《さくべえ》は政治《せいじ》が嫌《きら》いで、剣術《けんじゅつ》ひとすじに生《い》きた。だからこれといって出世《しゅっせ》もしなかった。幕府《ばくふ》が倒《たお》れたあとの明治《めいじ》九(一八七六)年《ねん》十一月《がつ》のある日《ひ》、作兵衛《さくべえ》は腰《こし》に両刀《りょうとう》をさして城下《じょうか》を歩《ある》いていた。すでに脱刀令《だっとうれい》(刀《かたな》を持《も》ち歩《ある》くことを禁止《きんし》する政府《せいふ》の命《めい》令《れい》)が出《で》ているが、作兵衛《さくべえ》は命令《めいれい》に従《したが》わなかった。

たまたま萩《はぎ》では前原一誠《まえばらいっせい》の乱《らん》が起《お》きていた。萩《はぎ》の乱《らん》と呼《よ》ばれた士族反乱《しぞくはんらん》である。乱《らん》の鎮《ちん》圧《あつ》に出動《しゅつどう》してきた政府軍《せいふぐん》は、刀《かたな》をさして歩《ある》いている作兵衛《さくべえ》を、反乱兵《はんらんへい》と思《おも》い鉄砲《てっぽう》で撃《う》ち殺《ころ》してしまった。作兵衛《さくべえ》は、六十二歳《さい》で非業《ひごう》の死《し》を遂《と》げた。

さて、小五郎《こごろう》が訪《たず》ねて行《い》ったときの内藤作兵衛《ないとうさくべえ》はまだ三十八歳《さい》、男《おとこ》ざかりのころである。頑固《がんこ》な侍《さむらい》だった。小五郎《こごろう》は裏庭《うらにわ》にまわって、「内藤先生《ないとうせんせい》」と、声《こえ》をかけた。恰幅《かっぷく》のよい作兵《さくべ》衛《え》は、くつろいだすがたで、刀剣《とうけん》の手入《てい》れをしていた。

「じつは、斎藤先生《さいとうせんせい》について江戸《えど》へ行《い》けるよう、とりはからっていただきたく、やってまいりました」

作兵衛《さくべえ》は手《て》をやすめて、やっと小五郎《こごろう》を見《み》た。

「是非《ぜひ》にもお願《ねが》いいたします」

「河野《こうの》と永田《ながた》が決《き》まったことを知《し》らなんだか」

「知《し》っちょります」

「あのふたりとくらべて、桂君《かつらくん》の腕《うで》がおとっているわけではない。とくに永田《ながた》はあきらかに君《きみ》より下《した》だ。しかしわたしがなぜ君《きみ》を選《えら》ばなかったか、その理由《りゆう》がわかるか」

「わかりません。それでやってきたのです」

「桂君《かつらくん》には、必死《ひっし》という気迫《きはく》がない。資質《ししつ》はおとっても、永田君《ながたくん》には、それがあるのだ。剣《けん》は心《こころ》だよ。君《きみ》には求道者《ぐどうしゃ》（真理《しんり》を求《もと》めて修行《しゅぎょう》する人《ひと》）としての志《こころざし》がない」

「よくわかりました。わたしは河野《こうの》や永田《ながた》をさしおいて、わりこもうというのではないのです。わたしは自費《じひ》で江戸《えど》へ行《い》きたいのであります。藩《はん》の厄介《やっかい》になるつもりはありませんので、お口添《くちぞ》えをお願《ねが》いいたします」

「左様《さよう》か」と、作兵衛《さくべえ》は立《た》ちあがっていった。

「桂君《かつらくん》、一本稽古《いっぽんけいこ》をつけてあげよう」

「支度《したく》してきておりません」

「そのままでよい」

作兵衛《さくべえ》は屋敷内《やしきない》に建《た》てた道場《どうじょう》へ、小五郎《こごろう》をみちびいた。道場《どうじょう》といっても八畳敷《じょうじき》二間《ふたま》をつぶして床《ゆか》に厚板《あついた》を敷《し》いただけである。正面《しょうめん》に神棚《かみだな》があり、採光《さいこう》がわるいので昼間《ひるま》でも薄暗《うすぐら》く、湿《しめ》ってカビの臭《にお》いがする。門弟《もんてい》への稽古《けいこ》は藩校《はんこう》の武道場《ぶどうじょう》でつけるので、ここはめったに使《つか》わない。奥義《おうぎ》の伝授《でんじゅ》はここでおこなうほか、作兵衛《さくべえ》は早朝《そうちょう》この道場《どうじょう》で居合《いあい》を抜《ぬ》く。彼《かれ》にとっての神聖《しんせい》な場所《ばしょ》だった。

素手《すで》に木剣《ぼっけん》をとって、ふたりはむかいあった。

「桂君《かつらくん》、わたしのどこでもよい。その剣先《けんさき》で、触《ふ》れることができれば、江戸行《えどゆ》きを推挙《すいきょ》しよう。遠慮《えんりょ》なく打《う》ちこんでまいれ」

青眼《せいがん》に構《かま》え、作兵衛《さくべえ》が低《ひく》くいった。

「御免《ごめん》！」

小五郎《こごろう》は、まず大上段《だいじょうだん》に構《かま》えて前進《ぜんしん》し、作兵衛《さくべえ》の頭部《とうぶ》をめがけて振《ふ》りおろした。むろん軽《かる》くはらわれる。さらにおなじ動作《どうさ》を繰《く》り返《かえ》した。小五郎《こごろう》の打《う》ちこみは、全身《ぜんしん》、隙《すき》だらけである。すでに江戸《えど》行《ゆ》きなど願《ねが》ってはいなかった。師《し》の怒《いか》りのまえに身《み》を投《な》げ出《だ》そうという気持《きも》ちが、素直《すなお》にあらわれていた。

訪《たず》ねてくるなり、自費《じひ》で江戸《えど》に行《い》くからなんとかしてくれという。その申《もう》し出《で》が、作兵衛《さくべ》にはたまらなく不愉快《ふゆかい》だった。医者《いしゃ》の子《こ》で、豊《ゆた》かな遺産《いさん》を懐《ふところ》に、物質的《ぶっしつてき》にはなに不自由《ふじゆう》のない義兄《ぎけい》の典医《てんい》和田文譲《わだぶんじょう》の家《いえ》に暮《く》らしている小五郎《こごろう》である。

小五郎《こごろう》が日《ひ》ごろ、まるで大身《たいしん》の家《いえ》の者《もの》に見《み》えるほど屈託《くったく》なくふるまっていることにさえ、どうかすると反発《はんぱつ》をおぼえる者《もの》がいないわけではない。小五郎《こごろう》はそれに気《き》づいていないようすだった。

「さあ、まいれ！」

作兵衛《さくべえ》から激《はげ》しい気合《きあい》をかけられて、小五郎《こごろう》はただ打《う》ちこんでいく。作兵衛《さくべえ》はその隙《すき》をついて打《う》つことをしなかった。振《ふ》りおろす太刀先《たちさき》を、はらいかわしているだけだ。小五郎《こごろう》はしだいに激《げき》して、突《つ》きに出《で》た。からだごとぶつかっていく。何本目《なんぼんめ》かを突《つ》き出《だ》したところで、ビシッと小手《こて》を打《う》たれ、木剣《ぼっけん》をとりおとしてしまった。粗雑《そざつ》な音《おと》をたてて、それが床《ゆか》にころがると同時《どうじ》に、作兵衛《さくべえ》の荒《あら》い声《こえ》がひびきわたった。

「未熟者《みじゅくもの》、分際《ぶんざい》を知《し》れ！」

小五郎《こごろう》は、呆然《ぼうぜん》と、その場《ば》にたたずんだ。

作兵衛《さくべえ》が去《さ》って行《い》くと、小五郎《こごろう》は静《しず》かに木剣《ぼっけん》を刀架《とうか》におさめ、内藤家《ないとうけ》を出《で》た。

打《う》たれた右手首《みぎてくび》が腫《は》れあがって、ずきずきと痛《いた》んだ。

「その手《て》はどうしたのですか」

夕飯《ゆうはん》のとき、義兄《ぎけい》の文譲《ぶんじょう》が、目《め》ざとく小五郎《こごろう》の右手首《みぎてくび》の異常《いじょう》を見《み》とがめた。

「撃剣《げっけん》のとき、打《う》たれたのであります」

「防具《ぼうぐ》をつけてですか」

「素手《すで》で木剣《ぼっけん》を握《にぎ》って立《た》ち合《あ》ったものですから」

「荒《あら》っぽい稽古《けいこ》をやったものじゃ。あとで診《み》せなさい」

「いや、ひと晩冷《ばんひ》やしておけばだいじょうぶでしょう」

「骨《ほね》にひびでもはいっていたらたいへんじゃ、とにかく手《て》あてだけはしておかねば」

文譲《ぶんじょう》は医師《いし》らしくあまり感情《かんじょう》のこもらない声《こえ》でいい、それきり黙々《もくもく》と箸《はし》をうごかした。

文譲《ぶんじょう》は和田家《わだけ》の養子《ようし》である。普通《ふつう》なら長男《ちょうなん》の小五郎《こごろう》が、医者《いしゃ》となって和田家《わだけ》を継《つ》ぐはずだが、幼少《ようしょう》のころ小五郎《こごろう》が病弱《びょうじゃく》だったので、父親《ちちおや》の昌景《しょうけい》はこの子《こ》は育《そだ》たないと見《み》て、早々《はやばや》と周防《すおう》の医家《いか》から文譲《ぶんじょう》を養子《ようし》に迎《むか》えた。

思《おも》いがけず小五郎《こごろう》は元気《げんき》に成長《せいちょう》したので、跡継《あとつ》ぎがふたりになって、昌景《しょうけい》は困惑《こんわく》したが、桂家《かつらけ》から小五郎《こごろう》を養子《ようし》にという話《はなし》がきたのだった。昌景《しょうけい》は嘉永《かえい》四（一八五一）年《ねん》に死《し》んだが、たくさんの財産《ざいさん》をのこした。藩医《はんい》は殿様《とのさま》のための医者《いしゃ》だが、一般《いっぱん》の診療《しんりょう》も許《ゆる》されていたから、そのほうの収入《しゅうにゅう》が多《おお》かったのである。昌景《しょうけい》は遺書《いしょ》に遺産分《いさんわ》けとして、

「一、銀《ぎん》十貫目《かんめ》、右《みぎ》は桂小五郎《かつらこごろう》へ相譲《あいゆず》り候《そうろう》」

と書《か》いていた。「近世米価表《きんせいべいかひょう》」（角川書店《かどかわしょてん》『日本史辞典《にほんしじてん》』）によって嘉永《かえい》四年《ねん》の米価《べいか》と現代《げんだい》のそれを比較《ひかく》すると、銀《ぎん》十貫目《かんめ》はおよそ一千万円《いっせんまんえん》になる。これは小五郎《こごろう》が一人前《いちにんまえ》になるまで、義兄《ぎけい》の文譲《ぶんじょう》が遺産《いさん》を管理《かんり》することになっているので、本人《ほんにん》の自由《じゆう》にはならなかったが、もう二十歳《はたち》である。小五郎《こごろう》は、自費《じひ》で江戸《えど》に行《い》けるはずであった。

「兄上《あにうえ》、あずけてあるわたしのとり分《ぶん》ですが」

と、小五郎《こごろう》は文譲《ぶんじょう》にいった。

「必要《ひつよう》なことでもありますか」

「江戸《えど》へ行《い》きたい」

「勉学《べんがく》のためなら亡《な》き父上《ちちうえ》も、お怒《いか》りにはならないじゃろう」

文譲《ぶんじょう》はあっさり同意《どうい》した。

こうして義兄《ぎけい》に江戸《えど》行《ゆ》きを承知《しょうち》させた夜《よる》、小五郎《こごろう》はいつになく興奮《こうふん》して眠《ねむ》れなかった。城下《じょうか》を離《はな》れる許可《きょか》をとる問題《もんだい》がのこっている。藩政府《はんせいふ》との交渉《こうしょう》を内藤作兵衛《ないとうさくべえ》が口添《くちぞ》えしてくれないとすれば、別《べつ》の方法《ほうほう》を考《かんが》えなければならない。

翌朝《よくちょう》、明倫館《めいりんかん》に行《い》くと、思《おも》いがけなく国家老《くにがろう》配下《はいか》の役人《やくにん》から、小五郎《こごろう》への呼《よ》び出《だ》しがかかっていた。剣術修行《けんじゅつしゅぎょう》のため三年間《ねんかん》、自費《じひ》で江戸《えど》へ出《で》たい旨《むね》の願書《がんしょ》をすぐ提出《ていしゅつ》するようにというのであった。

内藤作兵衛《ないとうさくべえ》が前日《ぜんじつ》のうちに、各役宅《かくやくたく》をまわり、手続《てつづ》きをととのえてくれたのにちがいない。作兵衛《さくべえ》に対《たい》する恨《うら》めしい気持《きも》ちを、ひそかに抱《いだ》いていた自分《じぶん》を、小五郎《こごろう》はたいそう恥《は》じた。

――かならず内藤先生《ないとうせんせい》の期待《きたい》にこたえてみせるぞ。

新《あら》たな決意《けつい》をかためたのだった。

ただなんとなく大都会《だいとかい》の江戸《えど》に出《で》ようという最初《さいしょ》の目的《もくてき》は、吹《ふ》きとんでいた。たっぷり旅費《りよひ》を懐《ふところ》にいれた金持《かねも》ちのお坊《ぼ》っちゃまの優雅《ゆうが》な江戸《えど》遊学《ゆうがく》にはちがいなかったが、きびしい剣術修行《けんじゆつしゆぎよう》の目的達成《もくてきたつせい》を期《き》して、生《う》まれかわった桂小五郎《かつらこごろう》の門出《かどで》でもあった。

江戸《えど》に帰《かえ》る斎藤新太郎《さいとうしんたろう》に従《したが》って、一行《いつこう》が萩城下《はぎじようか》を出発《しゆつぱつ》したのは、嘉永《かえい》五年《ねん》九月末《がつまつ》だった。財満新三郎《ざいましんざぶろう》ら藩費修行者《はんぴしゆぎようしや》に選《えら》ばれた五人《にん》と自費《じひ》で行《い》く小五郎《こごろう》をあわせて六人《にん》の長州藩士《ちようしゆうはんし》、そして新太郎《しんたろう》をいれて一行《いつこう》七人《にん》の楽《たの》しい旅《たび》である。

萩《はぎ》から江戸《えど》までは、ゆっくり歩《ある》いても一カ月《げつ》たらずで着《つ》くが、彼《かれ》らは、江戸《えど》に着《つ》くまで二カ月《げつ》もかかっている。各地《かくち》で剣術試合《けんじゆつじあい》をやり、おなじ土地《とち》に何日《なんにち》も滞在《たいざい》したからである。斎藤新太郎《さいとうしんたろう》が、腕《うで》の立《た》つ長州藩士《ちようしゆうはんし》を六人《にん》もつれているというので、どこでも大歓迎《だいかんげい》だった。

旅《たび》の途中《とちゆう》、小五郎《こごろう》は「小遣控《こづかいびかえ》」という手記《しゆき》を書《か》いている。おもに使《つか》った金銭《きんせん》の記録《きろく》だが、ときどき、高額《こうがく》の支出《ししゆつ》をしていることがわかる。宿《やど》で宴会《えんかい》をひらいたりしたとき、小五郎《こごろう》がみんなにおごってやったのだった。自分《じぶん》だけが特別《とくべつ》にわりこんできたことへの心《こころ》くばりだったのだろうが、それにしても、小五郎《こごろう》はとぼしい旅費《りよひ》をきりつめているほかの者《もの》とくらべ、お金持《かねも》ちでしかも気前《きまえ》がよかった。

旅行中《りよこうちゆう》、六人《にん》のなかで抜群《ばつぐん》の腕《うで》をふるい、長州藩士《ちようしゆうはんし》の名《な》をあげたのは財満新三郎《ざいましんざぶろう》だった。

小五郎《こごろう》よりひとつ年上《としうえ》の二十一歳《さい》、それ以後《いご》江戸《えど》の斎藤道場《さいとうどうじょう》で技《わざ》にみがきをかけ、「武勇絶倫《ぶゆうぜつりん》」といわれる剣士《けんし》になった。

後日《ごじつ》のことだが慶応元《けいおうがん》(一八六五)年《ねん》には、長州藩《ちょうしゅうはん》の保守派《ほしゅは》に属《ぞく》する家臣《かしん》のひとりとして、彼《かれ》は萩《はぎ》にいた。高杉晋作《たかすぎしんさく》が藩内《はんない》クーデターの兵《へい》を挙《あ》げたころである。新三郎《しんざぶろう》は反乱鎮圧《はんらんちんあつ》を命《めい》じられて出撃《しゅつげき》、萩《はぎ》をめざして進撃《しんげき》してくる奇兵隊《きへいたい》と戦《たたか》った。

尊王《そんのう》(朝廷側《ちょうていがわ》)か佐幕《さばく》(幕府側《ばくふがわ》)か、長州《ちょうしゅう》の藩論《はんろん》がふたつにわれて血《ち》を流《なが》したそのとき、小五郎《こごろう》と新三郎《しんざぶろう》はたがいに正反対《せいはんたい》の道《みち》を進《すす》んでいたのだ。新三郎《しんざぶろう》は味方《みかた》の敗色《はいしょく》が濃《こ》いとみるや、白刃《はくじん》を振《ふ》りかざして、単身奇兵隊《たんしんきへいたい》の陣地《じんち》に斬《き》りこみ、小銃《しょうじゅう》で撃《う》ち殺《ころ》された。

それは剣客斎藤新太郎《けんかくさいとうしんたろう》に従《したが》い、小五郎《こごろう》や新三郎《しんざぶろう》が山陽《さんよう》・東海道《とうかいどう》を江戸《えど》にむかっていた嘉永《かえい》五年から十三年後《ねんご》のことである。十三年《ねん》のあいだに、世《よ》の中《なか》は激《はげ》しく揺《ゆ》れうごいた。さまざまな出来事《できごと》とともに小五郎《こごろう》の人生《じんせい》も大《おお》きな変化《へんか》を遂《と》げていく。

一行《いっこう》七人《にん》は、二カ月後《げつご》の十一月《がつ》の末《すえ》になって江戸《えど》へはいった。

練兵館《れんぺいかん》の荒稽古《あらげいこ》

そのころ江戸《えど》の三大道場《さんだいどうじょう》といえば、まず神道無念流《しんとうむねんりゅう》の斎藤弥九郎《さいとうやくろう》がひらく練兵館《れんぺいかん》、北辰一刀流《ほくしんいっとうりゅう》の千葉周作《ちばしゅうさく》がひらく玄武館《げんぶかん》、そして鏡心明智流《きょうしんめいちりゅう》の桃井春蔵《もものいしゅんぞう》がひらいている士学館《しがくかん》である。

斎藤弥九郎《さいとうやくろう》の練兵館《れんぺいかん》は、九段坂下《くだんさかした》、いまの靖国神社境内《やすくにじんじゃけいだい》の一部《いちぶ》にあたる。町道場《まちどうじょう》としては堂々《どうどう》たる構《かま》えで、稽古場《けいこば》は百畳敷《ひゃくじょうじ》きの広《ひろ》さ、それに三十畳敷《じょうじ》きの稽古人《けいこにん》の控《ひか》え場所《ばしょ》がついている。

弥九郎《やくろう》を熱心《ねっしん》に援助《えんじょ》しているのは、伊豆《いず》・相模《さがみ》・甲斐《かい》など天領《てんりょう》（幕府《ばくふ》の領地《りょうち》）五カ国《こく》の代官《だいかん》を務《つと》めている江川太郎左衛門《えがわたろうざえもん》だった。太郎左衛門《たろうざえもん》は西洋流砲術家《せいようりゅうほうじゅつか》・江川英龍《えがわひでたつ》としても知《し》られる。幕府《ばくふ》の信任《しんにん》あつく、代官《だいかん》とはいえその権勢《けんせい》は一万石《まんごく》の大名《だいみょう》なみとまでいわれた。

江川《えがわ》は弥九郎《やくろう》という人物《じんぶつ》が儒学《じゅがく》・兵学《へいがく》にもつうずる学者肌《がくしゃはだ》の剣士《けんし》であることに、すっかりほれこんでいた。弥九郎《やくろう》が道場《どうじょう》を建《た》てるときも、その費用《ひよう》をすべて出《だ》してやり、しかも弥九郎《やくろう》を江川家《えがわけ》の用人格《ようにんかく》として形式的《けいしきてき》に召《め》し抱《かか》え、禄《ろく》をあたえるほどの肩《かた》のいれようだった。

弥九郎《やくろう》は越中国《えっちゅうのくに》（富山県《とやまけん》）氷見郡《ひみぐん》の郷士《ごうし》の家《いえ》に生《う》まれた。苦労《くろう》をかさね十三歳《さい》のとき江戸《えど》に出《で》て、旗本《はたもと》の下男《げなん》となったが、仕事《しごと》が終《お》わったあとの夜《よる》の時間《じかん》を勉学《べんがく》にあてた。ほとんど床《とこ》にはいらず、机上《きじょう》に伏《ふ》せて仮眠《かみん》する程度《ていど》だったという。

剣《けん》の道《みち》にはいったのは十九歳《さい》で、武家《ぶけ》にくらべるとすこしおそい出発《しゅっぱつ》である。それでも神道無念流《しんとうむねんりゅう》の岡田十松《おかだじゅうまつ》に認《みと》められ、独立《どくりつ》したのは二十九歳《さい》のときだった。いまは五十四歳《さい》、江戸《えど》三大道場《さんだいどうじょう》のあるじとなるまで半世紀《はんせいき》の努力《どりょく》を積《つ》んでいる。

「桂君《かつらくん》といいましたか」

弥九郎《やくろう》は小五郎《こごろう》に声《こえ》をかけた。新太郎《しんたろう》の口《くち》から、彼《かれ》がほかの者《もの》とは事情《じじょう》がちがうことを聞《き》いているのだろう。

「はっ、桂小五郎《かつらこごろう》であります」

「さっそく、明日《あす》から稽古《けいこ》にはいりなさい。道場《どうじょう》には乱暴者《らんぼうもの》もいることゆえ、多少《たしょう》の覚悟《かくご》は必要《ひつよう》ですぞ」

と笑《わら》う。弥九郎《やくろう》は骨格《こっかく》も大《おお》きく、いかにも剣客《けんかく》らしいからだつきで、眼光《がんこう》もするどいが優《やさ》しい人《ひと》で、親切《しんせつ》そうだった。真《しん》の剣客《けんかく》とはそういうものだということを、小五郎《こごろう》ははじめて弥九郎《やくろう》と出会《であ》った瞬間《しゅんかん》、悟《さと》ったのである。

小五郎《こごろう》たちは、長州藩《ちょうしゅうはん》の上屋敷《かみやしき》である桜田藩邸内《さくらだはんていない》の長屋《ながや》に部屋《へや》をあてがわれ、そこから練兵館《れんぺいかん》に通《かよ》った。桜田藩邸《さくらだはんてい》は一万《まん》七千坪《せんつぼ》（五・六ヘクタール）の広大《こうだい》な敷地《しきち》を持《も》ち、三十六万《まん》九千石《せんごく》の大名《だいみょう》らしい格式《かくしき》を誇《ほこ》っていた。いずれは幕府《ばくふ》に反抗《はんこう》する西国《さいごく》の大藩《たいはん》である。日比谷《ひびや》公園堀端《こうえんほりばた》に近《ちか》い藩邸付《はんていふ》近《きん》には、現在《げんざい》、東京地裁《とうきょうちさい》・法曹会館《ほうそうかいかん》・法務省《ほうむしょう》などの建物《たてもの》がならんでいる。つまり藩邸《はんてい》から九段坂下《くだんさかした》まで約《やく》十八町《ちょう》（二キロ）の距離《きょり》である。

早朝《そうちょう》、六人《にん》はうちそろって練兵館《れんぺいかん》にあらわれた。初冬《しょとう》の冷気《れいき》につつまれて静《しず》まりかえる道場《どうじょう》では、新参《しんざん》の内弟子《うちでし》たちが、白《しろ》い息《いき》を吐《は》きながら、忙《いそが》しく拭《ふ》き掃除《そうじ》をやっている。

「斎藤先生《さいとうせんせい》は、まちがった時刻《じこく》をわれわれに示《しめ》されたのではないか」

「いや、掃除《そうじ》を手伝《てつだ》えちゅうことかもしれん」

「まさか」

突《つ》っ立《た》ったまま、そんなことを話《はな》し合《あ》っていると、奥《おく》の入口《いりぐち》から稽古衣《けいこぎ》を着《き》た若《わか》い男《おとこ》があらわれた。柄《がら》は大《おお》きいが、まだ十七、八歳《さい》にしか見《み》えない。

「おてまえたちも掃除《そうじ》しなさい」と、先輩《せんぱい》らしくいって、床《ゆか》を指《ゆび》さした。

「江戸《えど》まできて、さっそく掃除《そうじ》させられるとは思《おも》わんかったのう」

河野右衛門《こうのうえもん》の声《こえ》が、すかさずひびきわたった。

「江戸《えど》には、なにをしにおいでになったのですか」

皮肉《ひにく》な丁重《ていちょう》さをこめて、その若《わか》い男《おとこ》がたずねた。

「稽古《けいこ》よ、稽古《けいこ》。知《し》っておろうが、われらは長州藩士《ちょうしゅうはんし》……」

「では稽古《けいこ》をつけてさしあげる。支度《したく》をなさい」

「ほう、稽古《けいこ》をつけてくれるのか、おもしろい」

河野右衛門《こうのうえもん》は〈この小僧《こぞう》め〉といわぬばかりに、相手《あいて》を小馬鹿《こばか》にした態度《たいど》で用意《ようい》してきた小手《こて》や面具《めんぐ》をつけはめた。若《わか》い男《おとこ》は、なにも身《み》につけず、竹刀《しない》だけを手《て》にして、道場《どうじょう》の真《ま》ん中《なか》に立《た》っている。

「こやつ」

侮辱《ぶじょく》された右衛門《うえもん》は怒《おこ》った。叩《たた》き伏《ふ》せてやろうと、いきなり男《おとこ》にむかって打《う》ちかかった。

相手《あいて》はひらりとかわしざま、つんのめる右衛門《うえもん》に足《あし》ばらいをかけた。右衛門《うえもん》はひどい音《おと》をたてて道場《どうじょう》の床《ゆか》に転倒《てんとう》する。起《お》きあがろうとする彼《かれ》の面具《めんぐ》の頂上《ちょうじょう》に、無言《むごん》のまま凄《すさ》まじい勢《いきお》いで竹刀《しない》を振《ふ》りおろした。ボコと音《おと》がして、右衛門《うえもん》は気絶《きぜつ》してしまった。防具《ぼうぐ》をかぶっていても、まともに脳天《のうてん》を打《う》たれると、脳震盪《のうしんとう》を起《お》こすのである。

「だれか、手《て》あてをしてあげなさい」

若《わか》い男《おとこ》は呆然《ぼうぜん》としている小五郎《こごろう》らに命《めい》じた。

もともと神道無念流《しんとうむねんりゅう》は〝力《ちから》の剣法《けんぽう》〟といわれ、強引《ごういん》なまでに打《う》ちこんでいくのがこの流《りゅう》派《は》の特徴《とくちょう》である。形式《けいしき》を排《はい》して、勝負《しょうぶ》を主眼《しゅがん》とした。竹刀《しない》なども重《おも》いものを用《もち》い、「略打《りゃくだ》（軽《かる》く打《う》つ）」でなく、したたか「真《しん》を打《う》つ」のでなければ、技《わざ》ありとしない。「載《の》せるだけでは、斬《き》れぬ」というのである。

元来《がんらい》、剣術《けんじゅつ》の稽古《けいこ》は防具《ぼうぐ》をつけず、各流派《かくりゅうは》で考案《こうあん》された組太刀《くみだち》によっておこなわれた。打太刀《うちだち》・仕太刀《しだち》を組《く》みあわせる、いまの剣道形《けんどうがた》みたいなもので、木剣《ぼっけん》、たまには真剣《しんけん》を用《もち》いたから、注意深《ちゅういぶか》く略打《りゃくだ》するほかにない。

試合《しあい》となれば、それの応用動作《おうようどうさ》となるのだが、思《おも》わず力《ちから》がこもって、略打《りゃくだ》とならず真《しん》を打《う》って、相手《あいて》を傷《きず》つけ、わるくすれば殺《ころ》してしまうことにもなる。他流試合《たりゅうじあい》になると、さらにその危険《きけん》がふえるので、ほとんどは他流《たりゅう》との試合《しあい》を禁止《きんし》した。

竹刀《しない》や防具《ぼうぐ》を使《つか》うようになったのは、江戸《えど》中期《ちゅうき》ごろからだという。力《ちから》をいれて打《う》ち合《あ》えるので、「撃剣《げっけん》」という言葉《ことば》が生《う》まれた。はじめは面《めん》・小手《こて》だけだったが、幕末《ばくまつ》になると、「面《めん》・小手《こて》・胴《どう》・竹刀撃剣時代《しないげっけんじだい》」になっている。

略打《りゃくだ》を許《ゆる》さない神道無念流《しんとうむねんりゅう》では、従《したが》って防具《ぼうぐ》も他流《たりゅう》より頑丈《がんじょう》に、牛皮《ぎゅうひ》などでつくった。河野右衛門《こうのうえもん》が用意《ようい》していた防具《ぼうぐ》は、萩《はぎ》で使《つか》っていたものだ。練兵館《れんぺいかん》の猛者《もさ》から力《ちから》いっぱい叩《たた》かれたのでは、気絶《きぜつ》するはずである。

右衛門《うえもん》を打《う》ちのめした若《わか》い男《おとこ》というのは、「鬼勧《おにかん》」というあだ名《な》をつけられた斎藤道場《さいとうどうじょう》の暴《あば》れ者《もの》だった。弥九郎《やくろう》の三男《なん》・勧之助《かんのすけ》だということをあとで教《おし》えられた。このとき、小五《こご》郎《ろう》と同年《どうねん》の二十歳《はたち》である。童顔《どうがん》だったから十七、八歳《さい》にしか見《み》えず、それをなめてかかったのが右衛門《うえもん》の不運《ふうん》だった。

鬼勧《おにかん》こと斎藤勧之助《さいとうかんのすけ》は、父《ちち》の素質《そしつ》をうけ継《つ》ぎ、腕《うで》も立《た》つが気性《きしょう》も荒《あら》い。練兵館《れんぺいかん》ではもっとも激《はげ》しい太刀《たち》を使《つか》うことで知《し》られる彼《かれ》の荒稽古《あらげいこ》を嫌《きら》う門弟《もんてい》もいるらしい。

「次《つぎ》、稽古《けいこ》をつけてさしあげる」

鬼勧《おにかん》が不敵《ふてき》な笑《わら》いを見《み》せていった。

「お願《ねが》いもうす」と、小五郎《こごろう》がいった。

「よろしい、おいでなさい」

鬼勧《おにかん》がまた笑《わら》った。そばにいる者《もの》は「小五郎《こごろう》がやられる」と思《おも》った。

小五郎《こごろう》は面具《めんぐ》をつけ、待《ま》ち構《かま》えている勧之助《かんのすけ》に近《ちか》づく。剣尖《けんせん》を合《あ》わせ、立《た》ちあがると、双方《そうほう》二、三歩しりぞいて間隔《かんかく》をとった。小五郎《こごろう》もかなり背丈《せたけ》はあるほうだが、鬼勧《おにかん》にくらべれば、枯《か》れ木《き》のように線《せん》が細《ほそ》い。

小五郎《こごろう》は、まず青眼《せいがん》に構《かま》えた。鬼勧《おにかん》は、威嚇《いかく》するように双手《もろて》上段《じょうだん》にとり、わずかずつ間《ま》合《あ》いをつめてきた。小五郎《こごろう》は右衛門《うえもん》の場合《ばあい》を見《み》ているので、むやみに攻撃《こうげき》しない。青眼《せいがん》をくずして、徐々《じょじょ》に、竹刀《しない》を倒《たお》したのは、敵《てき》の変化《へんか》に対応《たいおう》してやぶるという柳生新陰流《やぎゅうしんかげりゅう》「九《きゅう》箇《こ》必勝《ひっしょう》」の太刀《たち》打《う》ちに出《で》るつもりだったからだ。

「とおっ」

鬼勧《おにかん》が気合《きあい》を発《はっ》して、撃《う》ちおろしてきた。かろうじてうけとめたが、すかさず鍔元《つばもと》まで詰《つ》めよってきた彼《かれ》の体当《たいあ》たりをくらって、のけぞりながら、小五郎《こごろう》は胴《どう》をはらった。しかし同時《どうじ》に面《めん》を打《う》たれている。相打《あいう》ちだが、鬼勧《おにかん》の一撃《いちげき》は、目《め》がくらむほど、頭《あたま》の芯《しん》にこたえた。

不覚《ふかく》によろけるところを、足《あし》をすくわれて、床《ゆか》の上《うえ》に投《な》げ飛《と》ばされ、起《お》きあがった瞬間《しゅんかん》に、また打《う》たれた。屈《くっ》せずに必殺《ひっさつ》の双手《もろて》突《づ》きに出《で》た。それが鬼勧《おにかん》の胴《どう》にしたたか命中《めいちゅう》したのと、ふたたびはげしい一打《いちだ》を面《めん》に浴《あ》びたのを覚《おぼ》えている。

「もう一本《いっぽん》、お願《ねが》いもうす」

息《いき》を吹《ふ》き返《かえ》すと、小五郎《こごろう》は叫《さけ》ぶなり、突《つ》っ立《た》っている鬼勧《おにかん》に打《う》ちかかった。

「さあ、まいれ！」

重《おも》い竹刀《しない》が、小五郎《こごろう》の頭部《とうぶ》に、さらに一撃《いちげき》をくわえた。そのまま小五郎《こごろう》は、意識《いしき》をうしなった——。

小五郎《こごろう》は当面《とうめん》の目標《もくひょう》を、斎藤勧之助《さいとうかんのすけ》においた。火《ひ》を噴《ふ》くような荒稽古《あらげいこ》がつづく。からだのあちこちに太《ふと》いミミズ腫《ば》れができるほど、打《う》ちすえられる毎日《まいにち》である。朝《あさ》、寝床《ねどこ》から起《お》きあがれないほどに、足腰《あしこし》が硬直《こうちょく》していることがめずらしくなかった。

「小五郎《こごろう》は鬼勧《おにかん》に殺《ころ》されるのではないか」

財満新三郎《ざいましんざぶろう》が心配《しんぱい》するくらい、まるで憎悪《ぞうお》に燃《も》えるような勧之助《かんのすけ》の手荒《てあら》な稽古《けいこ》にも小五郎《こごろう》は屈《くっ》しなかった。萩《はぎ》にいるころの彼《かれ》とは別人《べつじん》のような精進《しょうじん》ぶりである。執念《しゅうねん》ともいえる練兵館通《れんぺいかんがよ》いだが、藩邸《はんてい》に帰《かえ》ると、夜《よる》おそくまで書物《しょもつ》をひらいた。

——金《かね》の力《ちから》で武士《ぶし》になった医者《いしゃ》の子《こ》である。

そんな侮蔑《ぶべつ》の目《め》が、それとなく周囲《しゅうい》からそそがれていることを小五郎《こごろう》は、ずっと感《かん》じていた。どうでもよいことだと思《おも》ってきたが、いまこそ跳《は》ね返《かえ》してやろうという気《き》になっている。人《ひと》がかわったように、勤勉《きんべん》な修行生活《しゅぎょうせいかつ》をはじめた小五郎《こごろう》を、藩邸《はんてい》の者《もの》は怪訝《けげん》な顔《かお》で見守《みまも》った。

斎藤弥九郎《さいとうやくろう》の勤王思想《きんのうしそう》

嘉永《かえい》六（一八五三）年《ねん》の正月《しょうがつ》は江戸《えど》でむかえ、そのまま三カ月《げつ》がすぎた。小五郎《こごろう》と鬼勧《おにかん》の稽古《けいこ》はつづいているが、かなりようすがちがってきた。もうひき倒《たお》されたり、打《う》ち据《す》えられるといったことはなくなっている。ちがうといえば鬼勧《おにかん》の小五郎《こごろう》に対《たい》する傲慢《ごうまん》な態度《たいど》も、いつのまにか薄《うす》れて、むしろ小五郎《こごろう》との友情《ゆうじょう》が芽生《めば》えてきていた。

「桂《かつら》さん、飲《の》みに行《い》こう」と、浅草《あさくさ》にさそってくれたりもする。次《つぎ》は小五郎《こごろう》が新橋《しんばし》でおごり返《かえ》すという親密《しんみつ》なつきあいになる。

たまに斎藤弥九郎《さいとうやくろう》が、直接《ちょくせつ》稽古《けいこ》をつけてくれることもあった。

「新太郎《しんたろう》や勧之助《かんのすけ》から聞《き》いておったが、ずいぶんと手《て》をあげたものだ」

と、弥九郎《やくろう》はおどろいた。これも相当《そうとう》に腕《うで》をあげている財満新三郎《ざいましんざぶろう》をもよせつけないほどの練達《れんたつ》ぶりである。

そのころ勧之助《かんのすけ》が「毎日藩邸《まいにちはんてい》から通《かよ》うのは面倒《めんどう》だろう。ちょうど部屋《へや》がひとつあいているが、道場《どうじょう》に住《す》みこんだらどうかね」といってくれた。小五郎《こごろう》は即座《そくざ》に頷《うなず》いた。弥九郎《やくろう》もこの者《もの》なら、代稽古《だいげいこ》をやらせてもよいではないかと賛成《さんせい》した。道場《どうじょう》の幹部《かんぶ》にかわって、門人《もんじん》に稽古《けいこ》をつけるのが代稽古《だいげいこ》である。もともと素質《そしつ》はあったのだが、短期間《たんきかん》のうちに小五郎《こごろう》の腕《うで》はそこまで達《たっ》していたのだ。

藩《はん》の許可《きょか》を得《え》て、数日後《すうじつご》、小五郎《こごろう》は練兵館《れんぺいかん》に居《きょ》を移《うつ》した。儒学《じゅがく》や兵学《へいがく》の講義《こうぎ》があるときだけ藩邸《はんてい》に顔《かお》を出《だ》し、ほかの日《ひ》は剣術《けんじゅつ》の稽古《けいこ》にあけくれる生活《せいかつ》がはじまった。小五郎《こごろう》のからだつきは、見《み》ちがえるまでにたくましくなっていく。

四月《がつ》、藩主毛利《はんしゅもうり》慶親《よしちか》が、参勤交代《さんきんこうたい》で江戸《えど》へ出《で》てきた。その翌月《よくげつ》さっそく親試《しんし》がおこなわれた。教育熱心《きょういくねっしん》な殿様《とのさま》で、ひまさえあれば若《わか》い藩士《はんし》たちの勉学《べんがく》ぶりを、ためそうとするのである。

このときは江戸《えど》遊学中《ゆうがくちゅう》の十五人《にん》が召《め》し出《だ》され、それぞれに習《なら》った学業《がくぎょう》の成果《せいか》を、藩主《はんしゅ》のまえで披露《ひろう》した。それが親試《しんし》である。

剣術修行《けんじゅつしゅぎょう》とはいえ、学問《がくもん》をする義務《ぎむ》もあたえられているのだ。

小五郎《こごろう》は、孟子《もうし》・尽心上《じんしんじょう》十五章《しょう》を進講《しんこう》した。終《お》わると慶親《よしちか》が質問《しつもん》する。

「尽心上《じんしんじょう》十四章《しょう》を読《よ》んでおるか」

これは一種《いっしゅ》の帝王学《ていおうがく》であって、慶親《よしちか》のよく知《し》っているところだ。問《と》われて小五郎《こごろう》は、よどみない口調《くちょう》で答《こた》えた。

「孟子《もうし》曰《いわ》く、民《たみ》を貴《とうと》しとなす。社稷《しゃしょく》（国家《こっか》）これに次《つ》ぎ、君《きみ》を軽《かろ》しとなす」

「いかなる意味《いみ》であるか」

「主君《しゅくん》たる人《ひと》の自《みずか》らを戒《いまし》める言葉《ことば》と存《ぞん》じます。主君《しゅくん》のなさるべきは、民《たみ》を治《おさ》むるにあり。民《たみ》のための主君《しゅくん》なれば、民《たみ》なければ社稷《しゃしょく》なく、主君《しゅくん》なし、ゆえに民《たみ》を貴《とうと》しとし、君《きみ》を軽《かろ》きとなす……」

「よかろう」

慶親《よしちか》は満足《まんぞく》げに頷《うなず》いた。

練兵館《れんぺいかん》の帰《かえ》り、夜《よる》、弥九郎《やくろう》の部屋《へや》に呼《よ》ばれたとき、小五郎《こごろう》はそのことを話《はな》した。

「孟子《もうし》のなかで、最高《さいこう》の言葉《ことば》だ」

儒学《じゅがく》にもくわしい弥九郎《やくろう》がいい、さらに「幕府《ばくふ》が、かみしめるべき教《おし》えだね」と、小五郎《こごろう》を見《み》た。不意《ふい》の発言《はつげん》である。小五郎《こごろう》は剣術者《けんじゅつしゃ》とはちがう弥九郎《やくろう》の視線《しせん》にあてられて、軽《かる》いおどろきを覚《おぼ》えた。幕府《ばくふ》の政治《せいじ》に批判的《ひはんてき》な意見《いけん》を、弥九郎《やくろう》がちらりと見《み》せたのは、そのときが最初《さいしょ》だったのである。

小五郎《こごろう》は練兵館《れんぺいかん》に寝泊《ねと》まりするようになってから、剣術《けんじゅつ》の稽古《けいこ》だけでなく、剣客《けんかく》としてはめずらしく学識《がくしき》をたくわえた弥九郎《やくろう》の話《はなし》をきく機会《きかい》が多《おお》くなった。

このころ、桃井春蔵《ももいしゅんぞう》のように、実技一点《じつぎいってん》ばりの古風《こふう》な剣豪《けんごう》もいるが、哲学的《てつがくてき》な剣《けん》の道《みち》を説《と》く人《ひと》もすくなくなかった。禅《ぜん》の話《はなし》ばかりして、剣術《けんじゅつ》をちっとも教《おし》えてくれないと、弟子《でし》に逃《に》げられた島田虎之助《しまだとらのすけ》などもいる。

弥九郎《やくろう》にしても、剣術《けんじゅつ》そのものについては、あまり語《かた》らない。儒教的《じゅきょうてき》な話《はなし》もあれば、時勢《じせい》を論《ろん》じたりもする。露骨《ろこつ》に幕府《ばくふ》を批判《ひはん》することはないが、「勤王《きんのう》」という言葉《ことば》をしばしば口《くち》にした。勤王《きんのう》とは、天皇《てんのう》に忠誠《ちゅうせい》をつくすことである。

江戸時代《えどじだい》、日本国《にほんこく》の政治権力《せいじけんりょく》は二重《にじゅう》の構造《こうぞう》をもっていた。古代《こだい》から伝統的《でんとうてき》に日本《にほん》の元首《げんしゅ》をつづけてきた天皇家《てんのうけ》とならぶ徳川幕府《とくがわばくふ》が、実質的《じっしつてき》には国政《こくせい》を握《にぎ》っている。この二重構造《にじゅうこうぞう》はおかしいのではないか。日本《にほん》の政治権力《せいじけんりょく》を幕府《ばくふ》が独占《どくせん》しているのはまちがっているという考《かんが》え方《かた》が、幕末《ばくまつ》になって表面化《ひょうめんか》した。

それは国学《こくがく》という日本古来《にほんこらい》からの歴史《れきし》や文学《ぶんがく》の研究《けんきゅう》が進《すす》むにつれて浮《う》かびあがった考《かんが》え方《かた》で、「尊王思想《そんのうしそう》」、「勤王思想《きんのうしそう》」また「尊王論《そんのうろん》」などという。たとえば『古事記《こじき》』や『万葉集《まんようしゅう》』には、あきらかに皇室《こうしつ》を中心《ちゅうしん》としてうごいていた日本《にほん》の国体《こくたい》があらわれている。

この学問《がくもん》からみちびき出《だ》された理論《りろん》が、しだいに政治思想《せいじしそう》としてひろがっていき、幕府《ばくふ》という存在《そんざい》に疑問《ぎもん》を抱《いだ》く人々《ひとびと》があらわれたので、幕府《ばくふ》は神経《しんけい》をとがらせていた。そうした幕府《ばくふ》への不信感《ふしんかん》は、幕府《ばくふ》の政治《せいじ》(幕政《ばくせい》)がゆきづまり、農民一揆《のうみんいっき》その他《た》さまざまな社会不安《しゃかいふあん》が生《しょう》じはじめたこととも関係《かんけい》があった。

幕府内部《ばくふないぶ》では老中主座《ろうじゅうしゅざ》・阿部正弘《あべまさひろ》をはじめ、越前藩主《えちぜんはんしゅ》・松平慶永《まつだいらよしなが》(春嶽《しゅんがく》)や水戸藩主《みとはんしゅ》・徳川斉昭《とくがわなりあき》(烈公《れっこう》)といった人々《ひとびと》、また薩摩藩主《さつまはんしゅ》・島津斉彬《しまづなりあきら》も幕政改革《ばくせいかいかく》に関心《かんしん》をあらわしているが、まだ表《おもて》には出《で》ていない。

「幕政改革《ばくせいかいかく》は、いずれ大《おお》きな課題《かだい》として世《よ》の中《なか》を揺《ゆ》さぶることになろう」

弥九郎《やくろう》は切迫《せっぱく》する時勢《じせい》について語《かた》り、門弟《もんてい》たちの自覚《じかく》をうながすのだった。小五郎《こごろう》の郷里《きょうり》、長州藩《ちょうしゅうはん》ではどうかといえば、ほとんど無風《むふう》の状態《じょうたい》で、いわば、天下太平《てんかたいへい》の静《しず》けさをもっている。

長州藩《ちょうしゅうはん》は薩摩藩《さつまはん》とともに財政改革《ざいせいかいかく》に成功《せいこう》し、西南雄藩《せいなんゆうはん》といわれるまでの実力《じつりょく》を誇《ほこ》る大名《だいみょう》だ。薩摩《さつま》はその力《ちから》を発揮《はっき》して、西洋式《せいようしき》の軍備《ぐんび》を充実《じゅうじつ》させ、中央進出《ちゅうおうしんしゅつ》の野望《やぼう》をあたためているが、長州藩《ちょうしゅうはん》は立《た》ちあがる気配《けはい》がまったくなかった。

長州藩士《ちょうしゅうはんし》である桂小五郎《かつらこごろう》が政治《せいじ》というものに無関心《むかんしん》で、のんびり暮《く》らしてきたのは、とうぜんのことだ。そんな小五郎《こごろう》に、思想的影響《しそうてきえいきょう》をあたえた最初《さいしょ》の人物《じんぶつ》といえば、やはり斎《さい》藤弥九郎《とうやくろう》をあげなければならない。

弥九郎《やくろう》は、あまり露骨《ろこつ》な言葉《ことば》で幕府《ばくふ》を非難《ひなん》することはない。小出《こだ》しにすこしずつ、幕政《ばくせい》のあやまりを指摘《してき》した。たとえばモリソン号事件《ごうじけん》なども、小五郎《こごろう》がはじめて聞《き》くことで、幕府《ばくふ》のやり方《かた》がいかにまちがっているか、思《おも》わずこぶしを握《にぎ》りしめて、怒《いか》りを覚《おぼ》えたものだった。

モリソン号事件《ごうじけん》というのは、天保《てんぽう》八(一八三七)年《ねん》、太平洋《たいへいよう》を漂流《ひょうりゅう》していた日本人《にほんじん》の漁師《りょうし》七人《にん》を救助《きゅうじょ》した米国船《べいこくせん》モリソン号《ごう》が、日本《にほん》にやってきたときのことだ。鎖国令《さこくれい》を出《だ》している幕府《ばくふ》は、港《みなと》に近《ちか》づいてきたモリソン号《ごう》を砲撃《ほうげき》して追《お》っぱらってしまった。

これを知《し》った渡辺崋山《わたなべかざん》が『慎機論《しんきろん》』で、高野長英《たかのちょうえい》が『夢物語《ゆめものがたり》』で、それぞれ世界情勢《せかいじょうせい》を論《ろん》じ、それにさからう幕府《ばくふ》を批判《ひはん》する本《ほん》を書《か》いて発表《はっぴょう》した。幕府《ばくふ》はこのふたりの学者《がくしゃ》を捕《と》らえて、きびしく裁《さば》いた。崋山《かざん》は国許《くにもと》(田原藩《たはらはん》)に送《おく》られて蟄居《ちっきょ》(閉《と》じこめ)、長英《ちょうえい》は投獄《とうごく》された。崋山《かざん》は幽閉中《ゆうへいちゅう》に自殺《じさつ》、長英《ちょうえい》は脱獄《だつごく》したが幕府《ばくふ》の役人《やくにん》に追《お》われて自殺《じさつ》した。

崋山《かざん》や長英《ちょうえい》はそのころ尚歯会《しょうしかい》を結成《けっせい》していた。尚歯会《しょうしかい》は蘭学《らんがく》(オランダの学問《がくもん》)に関心《かんしん》をもつ知識人《ちしきじん》のあつまりで、西洋《せいよう》の文物《ぶんぶつ》を研究《けんきゅう》し、政治《せいじ》や経済《けいざい》に対《たい》する意見《いけん》を交換《こうかん》する進《しん》歩的《ぽてき》な団体《だんたい》だ。斎藤弥九郎《さいとうやくろう》が親《した》しくしている江川太郎左衛門《えがわたろうざえもん》も、その会《かい》にはいっていた。尚歯会《しょうしかい》の会員《かいいん》だった崋山《かざん》や長英《ちょうえい》が幕政《ばくせい》を批判《ひはん》したので、幕府《ばくふ》は尚歯会《しょうしかい》を弾圧《だんあつ》した。これを蛮社《ばんしゃ》の獄《ごく》という。この事件《じけん》は幕府《ばくふ》を頂点《ちょうてん》とする封建時代《ほうけんじだい》の権力《けんりょく》と、西洋《せいよう》の知識《ちしき》を学《まな》んだ進歩的《しんぽてき》知識人《ちしきじん》との最初《さいしょ》の衝突《しょうとつ》だった。それからの洋学研究《ようがくけんきゅう》に大《おお》きな悪影響《あくえいきょう》をおよぼした事《じ》件《けん》でもあった。

　弥九郎《やくろう》の思想的《しそうてき》な感化《かんか》をうけ、斎藤新太郎《さいとうしんたろう》や弟《おとうと》の鬼勧《おにかん》こと、勧之助《かんのすけ》に剣術《けんじゅつ》を鍛《きた》えられる小五郎《こごろう》の充実《じゅうじつ》した毎日《まいにち》がすぎていく。

　そのころ江戸《えど》では山内家《やまうちけ》、藤堂家《とうどうけ》など大名屋敷《だいみょうやしき》に各流派《かくりゅうは》の名手《めいしゅ》をあつめた大試合《おおじあい》や、有《ゆう》名道場《めいどうじょう》の招待試合《しょうたいじあい》がよくおこなわれた。神道無念流《しんとうむねんりゅう》の練兵館《れんぺいかん》からは、たいてい新太郎《しんたろう》が小《こ》五郎《ごろう》をつれて試合《しあい》にのぞんだ。とにかくどの試合《しあい》でも、小五郎《こごろう》はほとんど負《ま》けたことがない。幕府《ばくふ》の講武所《こうぶしょ》で教授《きょうじゅ》を務《つと》める剣名《けんめい》の高《たか》い男《おとこ》、男谷精一郎《おたにせいいちろう》――勝海舟《かつかいしゅう》の親戚《しんせき》――とも立《た》ち合《あ》って小五郎《こごろう》が勝《か》ったという噂《うわさ》が流《なが》れたりもした。男谷《おたに》の高弟《こうてい》・柿本清吉《かきもとせいきち》をやぶったのがあやまって伝《つた》えられたのだが、彼《かれ》にしても名《な》うての剣士《けんし》だった。

　小五郎《こごろう》が神道無念流《しんとうむねんりゅう》の免許皆伝《めんきょかいでん》をうけたのは、入門後《にゅうもんご》一年《ねん》に満《み》たない嘉永《かえい》六年《ねん》の夏《なつ》だった。その儀式《ぎしき》が終《お》わったあと、斎藤弥九郎《さいとうやくろう》は小五郎《こごろう》にいった。

真《しん》の名医《めいい》を国手《こくしゅ》と呼《よ》ぶのは、国《くに》の病《やまい》を癒《いや》すほどの識見《しきけん》をいうのである。いったんは医師《いし》の子《こ》に生《う》まれた桂君《かつらくん》が、剣《けん》の心《こころ》をもって国手《こくしゅ》たらんと志《こころざ》す侍《さむらい》となるのであれば、練兵館《れんぺいかん》の本義《ほんぎ》にかなうものだ」

小五郎《こごろう》は、剣《けん》をもって国手《こくしゅ》になりたいと思《おも》った。

第二章 黒船来航

地《ち》の果《は》てからの客《きゃく》

日本人《にほんじん》の多《おお》くは、
人間《にんげん》が球形《きゅうけい》の土《つち》の上《うえ》に、
住《す》んでいることを知《し》らなかった。
世界《せかい》は円盤《えんばん》の上《うえ》にあると思《おも》っていた。
世界《せかい》のアメリカやヨーロッパは、
地《ち》の果《は》ての遠《とお》いところにあって、
そのむこうまで行《い》けば、
深《ふか》い闇《やみ》の谷底《たにぞこ》にころがりおちるのだと思《おも》っていた。

ペリーは地《ち》の果《は》てからやってきた異人《いじん》だった。
タールで真《ま》っ黒《くろ》にぬりつぶした巨大《きょだい》な船《ふね》を、
日本人《にほんじん》は生《う》まれてはじめて見《み》た。
舷側《げんそく》からのぞかせたアームストロング砲《ほう》が、
どろどろと撃《う》ち出《だ》す空砲《くうほう》の轟《とどろ》きに、
江戸《えど》の市民《しみん》は震《ふる》えあがった。

怪《あや》しい熱線《ねっせん》を発射《はっしゃ》する直径《ちょっけい》一キロのUFO《ユーフォー》が
東京湾《とうきょうわん》に着水《ちゃくすい》したら、
首都《しゅと》はきっとパニックになるだろう。
嘉永《かえい》六(一八五三)年《ねん》の日本人《にほんじん》のおどろきといったら、
まあそんなものだったろう。

長州藩《ちょうしゅうはん》の軍学者《ぐんがくしゃ》・思想家《しそうか》、吉田松陰《よしだしょういん》は、
黒船《くろふね》の正体《しょうたい》をたしかめ、
ペリーの軍艦《ぐんかん》に潜入《せんにゅう》して、
アメリカやヨーロッパに密航《みっこう》しようとして失敗《しっぱい》した。
いまなら、
発射寸前《はっしゃすんぜん》の宇宙船《うちゅうせん》にもぐりこもうとする冒険《ぼうけん》に似《に》ている。

幕府《ばくふ》の鎖国政策《さこくせいさく》で人々《ひとびと》の夢《ゆめ》も希望《きぼう》も押《お》しつぶし、
閉《と》じこめた島国《しまぐに》の錆《さ》びた扉《とびら》を、
ペリー艦隊《かんたい》は、強引《ごういん》にこじあけたのだった。
日本《にほん》が世界《せかい》にひらかれる瞬間《しゅんかん》、
それが黒船来航《くろふねらいこう》だ。

嘉永《かえい》六年《ねん》は干支《えと》でミズノトウシ（癸丑）。
志士《しし》たちは「癸丑以来《きちゆういらい》」という言葉《ことば》をよく使《つか》った。
歴史《れきし》のエポック・メーキングを感《かん》じとったのである。
剣士《けんし》・桂小五郎《かつらこごろう》が
「国手《こくしゅ》」の心《こころ》をもって活動《かつどう》する激動《げきどう》の舞台《ぶたい》は、
神道無念流《しんとうむねんりゅう》の免許皆伝《めんきょかいでん》をうけ、
練兵館《れんぺいかん》の塾頭《じゅくとう》に就任《しゅうにん》してまもなくの日《ひ》から、
幕《まく》はきっておとされた。
その生涯《しょうがい》を支配《しはい》するほどの大事件《だいじけん》との遭遇《そうぐう》である。

対外危機《たいがいきき》

嘉永《かえい》六年《ねん》六月三日《がつみっか》――西暦《せいれき》では七月八日《がつようか》――のことだった。ペリー提督《ていとく》がひきいる黒船《くろふね》四隻《せき》が浦賀沖《うらがおき》にあらわれ、鎖国中《さこくちゅう》の日本《にほん》に開国《かいこく》をせまったのである。

そのころ長州《ちょうしゅう》の江戸《えど》藩邸《はんてい》には江戸《えど》出府中《しゅっぷちゅう》の藩主慶親《はんしゅよしちか》がいた。ただちに藩《はん》に緊急配備《きんきゅうはいび》の命《めい》が出《だ》され、六百人《ぴゃくにん》の藩兵《はんぺい》を編成《へんせい》しようとした。だが、あつまったのは五百《ひゃく》五十二人《にん》で、なにしろ不意《ふい》の事件《じけん》だから、それだけをあつめるのもなみたいていのことではなかった。江《え》戸遊学中《どゆうがくちゅう》の藩士《はんし》も出動《しゅつどう》したので、小五郎《こごろう》も藩兵《はんぺい》のひとりとして、幕府《ばくふ》に命《めい》じられた大森海《おおもりかい》岸警備《がんけいび》に参加《さんか》した。小五郎《こごろう》が公務《こうむ》についた最初《さいしょ》のときである。

ペリーが浦賀《うらが》にやってきたとき、おどろいた幕府《ばくふ》は、各藩《かくはん》に対《たい》して江戸湾《えどわん》の警備《けいび》を命令《めいれい》したが、出動《しゅつどう》の装備《そうび》は火事《かじ》装束《しょうぞく》でよいという。奇妙《きみょう》な指示《しじ》だが、軽装《けいそう》のほうがうごきやすいというのではなく、じつは太平《たいへい》の世《よ》になれて、甲冑《かっちゅう》などの準備《じゅんび》がととのっていない大名《だいみょう》家《け》の内情《ないじょう》を知《し》っているので、武士《ぶし》たちのぶざまな格好《かっこう》を一般《いっぱん》の人々《ひとびと》に見《み》せまいとする幕府《ばくふ》の配慮《はいりょ》だったのだ。

ところが、長州藩《ちょうしゅうはん》では米艦来航《べいかんらいこう》と聞《き》いた直後《ちょくご》から、武庫《ぶこ》（武器《ぶき》の倉庫《そうこ》）を開《ひら》いて甲冑《かっちゅう》を用意《ようい》し、しかも三門《さんもん》の火砲《かほう》と百丁《ひゃくちょう》の火縄銃《ひなわじゅう》で武装《ぶそう》した五百余人《ひゃくよにん》の藩兵《はんぺい》を、五日間《いつかかん》で編成《へんせい》し終《お》わった。これほどの手《て》ぎわよさを見《み》せたのは長州藩《ちょうしゅうはん》だけだったから、江戸《えど》市中《しちゅう》の評判《ひょうばん》にまでなった。

藩邸《はんてい》に武器庫《ぶきこ》を持《も》たない藩《はん》も多《おお》かったというから、いかに当時《とうじ》の武士《ぶし》階級《かいきゅう》がそうした準《じゅん》備《び》から遠《とお》ざかっていたかがわかる。大名《だいみょう》の謀反《むほん》を恐《おそ》れていた幕府《ばくふ》としては、むしろその傾《けい》向《こう》を歓迎《かんげい》し、安心《あんしん》もしていたのだ。

長州藩《ちょうしゅうはん》が見事《みごと》な処理《しょり》をみせたのは、天保《てんぽう》以来《いらい》藩政改革《はんせいかいかく》を進《すす》め、ある程度《ていど》の成果《せいか》をおさめていたからである。長州藩《ちょうしゅうはん》が富国強兵策《ふこくきょうへいさく》（国《くに》を富《と》まし、軍備《ぐんび》をかためる政策《せいさく》）をとったのは、藩政改革《はんせいかいかく》のためのひとつの方法《ほうほう》でもあったが、中国《ちゅうごく》でのアヘン戦争《せんそう》（一八四〇〜四二）がもたらした対外危機感《たいがいききかん》ともからんでいる。

その情報《じょうほう》はわずかにしか伝《つた》わっていなかったが、アヘン戦争《せんそう》はイギリスによる武力《ぶりょく》進《しん》出《しゅつ》が極東《きょくとう》にせまっているという恐怖感《きょうふかん》を日本人《にほんじん》に抱《いだ》かせた。大陸《たいりく》と一衣帯水《いちいたいすい》の位置《いち》にある長州藩《ちょうしゅうはん》にあっては、さらに切実《せつじつ》だった。

日本列島周辺《にほんれっとうしゅうへん》に出没《しゅつぼつ》する異国船《いこくせん》への警戒心《けいかいしん》や、天保初年《てんぽうしょねん》以来頻発《らいひんぱつ》する農民一揆《のうみんいっき》など、不穏《ふおん》な社会情勢《しゃかいじょうせい》が深《ふか》まろうとする時期《じき》、ペリーの来航《らいこう》はさらに危機感《ききかん》を増大《ぞうだい》させた。

幕府《ばくふ》は、大森海岸《おおもりかいがん》の警備《けいび》についている長州藩《ちょうしゅうはん》に、黒船《くろふね》の目的《もくてき》はなんであるかようすをさぐって報告《ほうこく》せよと命《めい》じてきた。大森海岸《おおもりかいがん》から浦賀沖《うらがおき》までは、湾《わん》の一部《ぶ》を横《よこ》ぎる直線距離《ちょくせんきょり》にして約《やく》三十キロ、付近《ふきん》の釣舟《つりぶね》を使《つか》って海上《かいじょう》から偵察《ていさつ》し、情報《じょうほう》もあつめたが、アメリカ艦隊《かんたい》の真意《しんい》はつかめないままだった。

大森《おおもり》に布陣《ふじん》した長州藩《ちょうしゅうはん》からなにもいってこないので、幕府《ばくふ》は使者《ししゃ》をさしむけて、報告《ほうこく》をうながした。長州藩《ちょうしゅうはん》としては、いまのところ米艦《べいかん》に特別《とくべつ》なうごきはない。へたに情報《じょうほう》を流《なが》せば市中《しちゅう》の騒《さわ》ぎを大《おお》きくするようなものだから静観《せいかん》しているのだ、と答《こた》えた。幕府《ばくふ》の使者《ししゃ》は、米艦《べいかん》にむかって砲撃《ほうげき》したりすることのないようにと注意《ちゅうい》して帰《かえ》って行《い》った。

藩《はん》によっては、黒船《くろふね》を撃《う》ちはらおうという強硬意見《きょうこういけん》を吐《は》くところもあり、幕府《ばくふ》としてはそうした過激《かげき》な行動《こうどう》をたいそう恐《おそ》れていた。清国《しんこく》でのアヘン戦争《せんそう》の結果《けっか》も承知《しょうち》しているところだから、幕府《ばくふ》は「シナの如《ごと》き大国《たいこく》に阿片《あへん》の騒乱《そうらん》あり、環海《かんかい》（海《うみ》にとりまかれた）の我国《わがくに》にして、もし兵端《へいたん》(戦闘《せんとう》)をひらかば、海岸《かいがん》の防備《ぼうび》いまだ充実《じゅうじつ》せざれば容易《ようい》ならぬ国難《こくなん》にもおよぶべし」と、ひたすら静《しず》かにしておれと命《めい》ずるばかりだ。うわべで、おとなしく相手《あいて》の要求《ようきゅう》に従《したが》おうということになる。そして六月九日《がつここのか》、ペリーがたずさえてきたアメリカ大《だい》統領《とうりょう》の親書《しんしょ》を久里浜《くりはま》の応接所《おうせつじょ》でうけとった。

　幕府《ばくふ》がほっとしたのもつかのまで、その日《ひ》の夕刻《ゆうこく》、四隻《せき》の黒船《くろふね》は錨《いかり》をあげて、江戸湾《えどわん》に侵入《しんにゅう》してきた。大森海岸《おおもりかいがん》にいる小五郎《こごろう》らの目《め》のまえに接近《せっきん》してきたのである。夕焼《ゆうや》けに染《そ》まった海面《かいめん》をすべるように移動《いどう》する黒船艦隊《くろふねかんたい》の影《かげ》を見《み》て、人々《ひとびと》はおびえ、長州《ちょうしゅう》の陣営《じんえい》は緊《きん》張《ちょう》した。しかし、甲冑《かっちゅう》や槍《やり》や火縄銃《ひなわじゅう》、小《ちい》さな大砲《たいほう》など、まるで戦国時代《せんごくじだい》を思《おも》わせる旧式《きゅうしき》の武器《ぶき》では戦《たたか》いようもないのだ。

　小五郎《こごろう》は、はじめて黒船《くろふね》というものを見《み》た。およそ千《せん》トンぐらいの船《ふね》だ。幕府《ばくふ》は日本人《にほんじん》を海外《かいがい》に出《で》かけさせないために「大船建造《たいせんけんぞう》」を禁止《きんし》していたので、そんな大《おお》きな船《ふね》を見《み》るのは、だれも生《う》まれてはじめてのことだった。

　しかも軍艦《ぐんかん》に積《つ》みこんだ大砲《たいほう》の砲口《ほうこう》を舷側《げんそく》からのぞかせ、江戸《えど》の町《まち》にむけて空砲《くうほう》を撃《う》ち鳴《な》らして、日本人《にほんじん》をおびえさせた。そのころ黒船《くろふね》がそなえている大砲《たいほう》は、アームストロング砲《ほう》という近代火器《きんだいかき》で、砲身内《ほうしんない》にライフル（螺旋《らせん》の溝《みぞ》）がきざんであるから、流線型《りゅうせんけい》の砲《ほう》弾《だん》がクルクル回転《かいてん》しながら飛《と》ぶ。射程《しゃてい》が長《なが》く、命中率《めいちゅうりつ》は高《たか》く、爆発力《ばくはつりょく》も強《つよ》いという。

　——刀《かたな》を持《も》って戦《たたか》える相手《あいて》ではない。

もし外国《がいこく》の軍隊《ぐんたい》が攻《せ》めてきたとき、どのように戦《たたか》えばよいのだ。剣術《けんじゅつ》などはもう役《やく》に立《た》たない時代《じだい》だということを、小五郎《こごろう》はつくづく実感《じっかん》した。

ペリーは、大統領《だいとうりょう》の親書《しんしょ》に対《たい》する日本政府《にほんせいふ》の返事《へんじ》を聞《き》きに、またやってくるといいのこしていなくなった。そのころ清国《しんこく》を吹《ふ》き荒《あ》れている太平天国《たいへいてんごく》の乱《らん》に参戦《さんせん》するためである。

アヘン戦争《せんそう》以来《いらい》荒廃《こうはい》した清国《しんこく》で、突然《とつぜん》革命軍《かくめいぐん》が蜂起《ほうき》した。これを太平天国《たいへいてんごく》の乱《らん》という。嘉永《かえい》六年《ねん》といえば、この反乱《はんらん》がたけなわのころだ。清国政府《しんこくせいふ》は内乱鎮圧《ないらんちんあつ》に外国《がいこく》の軍隊《ぐんたい》を導《どう》入《にゅう》したので、イギリス、フランス、アメリカなど各国《かっこく》の軍隊《ぐんたい》が本土《ほんど》に上陸《じょうりく》、上海《シャンハイ》などは植《しょく》民地《みんち》のような状態《じょうたい》になった。

ペリーはいったん清国《しんこく》に行《い》って、先《さき》に出動《しゅつどう》しているアメリカの軍艦《ぐんかん》と合流《ごうりゅう》し、太平天国《たいへいてんごく》の乱《らん》を鎮圧《ちんあつ》してから、新《あたら》しく艦隊《かんたい》を編成《へんせい》して、ふたたび日本《にほん》を訪《おとず》れ、弱腰《よわごし》の幕府《ばくふ》に江戸《えど》開《かい》港《こう》をせまるつもりである。

お台場《だいば》

幕府《ばくふ》が江川太郎左衛門《えがわたろうざえもん》に命《めい》じ、品川沖《しながわおき》に台場《だいば》(砲台《ほうだい》)を築《きず》こうとしたのは、ペリーが去《さ》った直後《ちょくご》の嘉永《かえい》六年《ねん》八月《がつ》である。現在《げんざい》、お台場《だいば》と呼《よ》ばれている場所《ばしょ》はこのときつくられた黒船来航《くろふねらいこう》の記念物《きねんぶつ》である。

幕命《ばくめい》をうけた太郎左衛門《たろうざえもん》は、斎藤弥九郎《さいとうやくろう》に協力《きょうりょく》してほしいと依頼《いらい》してきた。そのことを知《し》った小五郎《こごろう》は、すぐに台場築造工事《だいばちくぞうこうじ》に自分《じぶん》をつれて行《い》ってもらいたいと願《ねが》い出《で》たのだ。

「工事《こうじ》はまず品川海岸《しながわかいがん》の測量《そくりょう》からはじまる。外様大名《とざまだいみょう》の長州藩《ちょうしゅうはん》の者《もの》が、国防《こくぼう》の秘密《ひみつ》に関《かか》わることは、幕府《ばくふ》が承知《しょうち》すまい。あきらめなさい」

斎藤弥九郎《さいとうやくろう》は気《き》の毒《どく》そうにいった。

「わたしを先生《せんせい》の下男《げなん》ということにしては、どうでしょうか」

「どうしても台場工事《だいばこうじ》を見《み》たいのかね」

「これからは幕府《ばくふ》だけでなく、日本全国《にほんぜんこく》の藩《はん》が軍備《ぐんび》をいそがなければなりません。よい機《き》会《かい》ですから、勉強《べんきょう》しておきたいのです。もう剣術《けんじゅつ》に頼《たよ》ってばかりではいられぬと、黒船《くろふね》を見《み》て痛感《つうかん》したのです」

「桂君《かつらくん》は、剣《けん》をすてるつもりか」

「いや、決《けっ》してそのようなことは考《かんが》えておりません」

「剣《けん》は人《ひと》の魂《たましい》をみがくためのものだ。アームストロング砲《ほう》に、ひとふりの刀《かたな》で太刀打《たちう》ちできなくとも、これから彼《かれ》らに対抗《たいこう》する武備《ぶび》をととのえ、国《くに》を守《まも》るのはあくまでも人間《にんげん》である。その魂《たましい》をみがくための武道《ぶどう》を、いまこそ振起《しんき》したいと、わたしは思《おも》うのだが、桂君《かつらくん》はどうかね」

「わたしも同感《どうかん》ですが、黒船《くろふね》をまざまざと見《み》たいまとなっては、ただ竹刀《しない》を振《ふ》りまわしていてよいのかと、焦《あせ》るような気持《きも》ちになるのを、おさえきれないのです」

「刀《かたな》を振《ふ》りまわして世《よ》を渡《わた》る時代《じだい》ではないが、剣名《けんめい》をとどろかせ、剣《けん》をつうじて重要《じゅうよう》な人物《じんぶつ》と交《まじ》わり、剣術以上《けんじゅついじょう》の仕事《しごと》ができるのが、この国《くに》の西洋《せいよう》とちがう世《よ》の中《なか》の仕組《しく》みだ。黒《くろ》船《ふね》がやってきても、とうぶんはかわるまい」

「仰《おお》せのとおりであります」

「剣《けん》をそのように利用《りよう》することを、不純《ふじゅん》と思《おも》うかもしれんが、世《よ》のために役立《やくだ》つなら、それも新《あたら》しい剣《けん》の道《みち》と思《おも》えばよい」

それはめぐまれない身分《みぶん》から刻苦《こっく》して、剣《けん》ひとすじにたたきあげて、いまの地位《ちい》を築《きず》いた斎藤弥九郎《さいとうやくろう》の実感《じっかん》だったかもしれない。

そのころ江戸《えど》には、おなじような意味《いみ》で野心《やしん》をあたためながら剣術《けんじゅつ》にはげんでいる人々《ひとびと》がすくなくなかった。たとえば小石川《こいしかわ》の試衛館《しえいかん》にまもなくあつまる天然理心流《てんねんりしんりゅう》の一派《いっぱ》がいる。近藤勇《こんどういさみ》、土方歳三《ひじかたとしぞう》、沖田総司《おきたそうじ》ら、やがて小五郎《こごろう》の命《いのち》をねらう宿命的《しゅくめいてき》な敵《てき》「新選組《しんせんぐみ》」の中核《ちゅうかく》となる彼《かれ》らは、剣《けん》をもって騒乱《そうらん》の世《よ》に活動《かつどう》の場《ば》を得《え》た浪士《ろうし》の一群《いちぐん》であった。

小五郎《こごろう》が藩邸《はんてい》ですこしばかり大《おお》きな顔《かお》をしていられるのも、やはり練兵館《れんぺいかん》でみがいた剣《けん》の腕前《うでまえ》を認《みと》められてのことだ。小五郎《こごろう》が江戸《えど》藩邸《はんてい》の大検使《だいけんし》という役《やく》につくのは、このときからしばらくあとのことで、練兵館《れんぺいかん》の塾頭《じゅくとう》になったのが昇進《しょうしん》のおもな理由《りゆう》となっている。

たしかに弥九郎《やくろう》がいうとおりだった。

「今後《こんご》とも稽古《けいこ》にはげむことにして、さしあたっては台場《だいば》工事《こうじ》を見学《けんがく》するがよい。わたしも明後日《みょうごにち》から品川《しながわ》に行《い》くぞ」

「お願《ねが》い申《もう》します」

小五郎《こごろう》が、弥九郎《やくろう》の紹介《しょうかい》で江川太郎左衛門《えがわたろうざえもん》の付《つ》き人《びと》となり、台場築造工事《だいばちくぞうこうじ》を見《み》たのは、嘉永《かえい》六年八月《ねんがつ》はじめから九月《がつ》にいたる約《やく》一カ月間《げっかん》だった。最初《さいしょ》は測量《そくりょう》ばかりで、工事《こうじ》そのものを見学《けんがく》した日数《にっすう》はわずかだから、それほど築造技術《ちくぞうぎじゅつ》を習得《しゅうとく》したとはいえない。しかし、六分儀《ろくぶんぎ》などを用《もち》いた測量《そくりょう》の方法《ほうほう》を習《なら》ったし、砲台《ほうだい》というものの概念《がいねん》をつかむことはできた。

「砲《ほう》を据《す》えつける位置《いち》は、敵艦《てきかん》の上部砲塔《じょうぶほうとう》とおなじくらいの高《たか》さにする。それは普通《ふつう》三十フィートとされておる。ほぼ三十尺《しゃく》と思《おも》ってよい」

太郎左衛門《たろうざえもん》は、このまじめそうな長州藩《ちょうしゅうはん》の若者《わかもの》を指導《しどう》してやろうという懇切《こんせつ》な態度《たいど》を見《み》せてくれた。はじめ弥九郎《やくろう》が小五郎《こごろう》を紹介《しょうかい》したとき、太郎左衛門《たろうざえもん》は外様藩《とざまはん》の者《もの》を工事現場《こうじげんば》につれこむと、幕府《ばくふ》からお叱《しか》りをうけるといってひきうけをためらった。すると小五郎《こごろう》はいったのだ。

「海防《かいぼう》は、幕府《ばくふ》ひとりのためではございますまい。また江戸湾《えどわん》だけでなく、お国全体《くにぜんたい》の急務《きゅうむ》と心得《こころえ》ます。長州《ちょうしゅう》の沿岸《えんがん》も黒船《くろふね》にそなえてかためねばなりません。わたしはそのために、江川《えがわ》さまの台場築造《だいばちくぞう》を見《み》ておきたいのです」

「うーむ」と、太郎左衛門《たろうざえもん》はうなった。そしてこの長州藩士《ちょうしゅうはんし》が、いっぺんに気《き》にいってしまったのだ。

「台場下《だいばした》の海《うみ》の深《ふか》さにも注意《ちゅうい》しなくてはならぬ。砲《ほう》の角度《かくど》は小《ちい》さいほど有利《ゆうり》だが、敵艦《てきかん》への距離《きょり》によって仰角《ぎょうかく》が異《こと》なる。その調節《ちょうせつ》が自由《じゆう》にできなければならぬ。海岸砲《かいがんほう》は二十四ポンド以上《いじょう》、できれば三十六ポンド、四十八ポンドが好《この》ましいが、至近距離《しきんきょり》の敵艦《てきかん》に対《たい》しては、六十ポンドから八十ポンド砲《ほう》が有利《ゆうり》である……」

太郎左衛門《たろうざえもん》の要塞築造法《ようさいちくぞうほう》は、後年《こうねん》の兵学者《へいがくしゃ》から、古《ふる》いと批判《ひはん》された。しかし、品川台場《しながわだいば》を築《きず》いているころ、太郎左衛門《たろうざえもん》は島津斉彬《しまづなりあきら》の要請《ようせい》で、海防論《かいぼうろん》を書《か》いた。それによって築造《ちくぞう》された鹿児島《かごしま》の砲台《ほうだい》は、文久《ぶんきゅう》三（一八六三）年《ねん》七月《がつ》、生麦事件《なまむぎじけん》の報復《ほうふく》で来襲《らいしゅう》したイギリス艦《かん》隊《たい》を相手《あいて》に善戦《ぜんせん》し、敵《てき》に「薩摩《さつま》あなどりがたし」と認識《にんしき》させた。太郎左衛門《たろうざえもん》も当時《とうじ》では新《あたら》しい軍事知識《ぐんじちしき》の大家《たいか》だったのだ。

この品川砲台《しながわほうだい》は、一度《いちど》も火《ひ》を噴《ふ》いたことがなく、いわば江戸湾《えどわん》の飾《かざ》りものとなり、湾内《わんない》航行船舶《こうこうせんぱく》にとっての障害物《しょうがいぶつ》として海図《かいず》に書《か》きこまれていたが、最近《さいきん》になり「お台場《だいば》」の名《な》で、東京都民《とうきょうとみん》に親《した》しまれる場所《ばしょ》になっている。嘉永《かえい》六年《ねん》の秋《あき》、小五郎《こごろう》は品川沖《しながわおき》の国防第一《こくぼうだいいっ》線《せん》で、貴重《きちょう》な体験《たいけん》をしたのだった。

桂小五郎《かつらこごろう》は、このときから正式《せいしき》に江川太郎左衛門《えがわたろうざえもん》の門人《もんじん》となり、軍事知識《ぐんじちしき》を学《まな》ぶことを許《ゆる》された。太郎左衛門《たろうざえもん》の塾《じゅく》では、砲術《ほうじゅつ》・銃術《じゅうじゅつ》のいずれかを各人《かくじん》に選《えら》ばせる。小五郎《こごろう》は銃術《じゅうじゅつ》を選《えら》び、小銃《しょうじゅう》のあつかい方《かた》や西洋《せいよう》の銃隊教練《じゅうたいきょうれん》について学《まな》んだ。これがやがてヨーロッパ製《せい》の小銃《しょうじゅう》を買《か》いあさる彼《かれ》の行動《こうどう》とむすびつくのである。
江川塾《えがわじゅく》で学《まな》んだ学科《がっか》が、銃術《じゅうじゅつ》であったのは、小五郎《こごろう》の直観的《ちょっかんてき》な先見《せんけん》によるものだ。やがて幕府《ばくふ》との戦争《せんそう》に発揮《はっき》された長州藩《ちょうしゅうはん》の戦力《せんりょく》の中心《ちゅうしん》は、イギリスから買《か》いいれた大量《たいりょう》の新式《しんしき》小銃《しょうじゅう》だった。つまりはこの小銃《しょうじゅう》を持《も》った奇兵隊《きへいたい》をはじめとする民兵組織《みんぺいそしき》が、倒幕戦《とうばくせん》で大活躍《だいかつやく》するのである。

さらにこのころ小五郎《こごろう》は、軍艦建造《ぐんかんけんぞう》の研究《けんきゅう》にもとり組《く》んだ。その方面《ほうめん》にくわしい浦賀奉行《うらがぶぎょう》・中島三郎助《なかじまさぶろうすけ》に師事《しじ》し、またロシアのプチャーチンが沈没《ちんぼつ》した乗艦《じょうかん》の代船《だいせん》を建造《けんぞう》、また幕府《ばくふ》が軍艦《ぐんかん》を建造《けんぞう》している伊豆君沢《いずきみざわ》に、長州藩《ちょうしゅうはん》の造船役《ぞうせんやく》・尾崎小右衛門《おざきこえもん》をつれて行《い》き、西洋《せいよう》の造船技術《ぞうせんぎじゅつ》を学《まな》んだりもした。安政《あんせい》三年《ねん》に萩《はぎ》で進水《しんすい》した長州藩《ちょうしゅうはん》の丙辰丸《へいしんまる》は、尾崎小右衛門《おざきこえもん》の設計《せっけい》・監督《かんとく》によってできた第《だい》一号《ごう》自家製軍艦《じかせいぐんかん》である。

剣術《けんじゅつ》は別《べつ》として小五郎《こごろう》の西洋軍事《せいようぐんじ》知識《ちしき》の勉強《べんきょう》ぶりは、小銃《しょうじゅう》や軍艦《ぐんかん》の専門家《せんもんか》になるのではなく、「広《ひろ》く浅《あさ》く」であった。目的《もくてき》はそのかなたの高《たか》いところにおいている。つまりそれらをいかに利用《りよう》するかを考《かんが》える基礎的《きそてき》な知識《ちしき》を身《み》につけておこうと探究《たんきゅう》の幅《はば》を広《ひろ》げていったのである。

のちに小五郎《こごろう》は開明的《かいめいてき》な政治家《せいじか》・木戸孝允《きどたかよし》となるのだが、開明的《かいめいてき》とは、文明開化《ぶんめいかいか》に積極《せっきょく》的《てき》な姿勢《しせい》、知識《ちしき》に明《あか》るく聡明《そうめい》なさまをいう。幕末《ばくまつ》の倒幕戦線《とうばくせんせん》を駆《か》けぬけ、明治《めいじ》の新国家建《しんこっかけん》設《せつ》に活躍《かつやく》した開明派《かいめいは》の志士《しし》・桂小五郎《かつらこごろう》は、この品川台場《しながわだいば》築造工事《ちくぞうこうじ》現場《げんば》から未来《みらい》をめざして出発《しゅっぱつ》していたのだった。

日米和親条約《にちべいわしんじょうやく》

翌安政元《よくあんせいがん》(一八五四)年《ねん》一月《がつ》、ペリーは、ふたたび江戸湾《えどわん》にやってきた。艦隊《かんたい》は六カ月《げつ》まえのときより軍艦《ぐんかん》の数《かず》を三隻《せき》ふやし、七隻《せき》をひきいて、黒煙《こくえん》を吐《は》きながら、浦賀水道《うらがすいどう》からはいり、十六日《にち》の午後《ごご》、三浦半島《みうらはんとう》の金沢沖《かなざわおき》に投錨《とうびょう》した。

さらに二十八日《にち》、役人《やくにん》の制止《せいし》をきかず、強引《ごういん》に羽田沖《はねだおき》に至《いた》り、江戸市街《えどしがい》に砲口《ほうこう》をむけて停《と》まった。修好交易《しゅうこうこうえき》をせまるペリーは、

「われわれの要求《ようきゅう》が容《い》れられぬ場合《ばあい》は、やむを得《え》ず開戦《かいせん》するであろう。そのためにまもなく百隻《ひゃくせき》の軍艦《ぐんかん》が江戸湾《えどわん》に集結《しゅうけつ》するはずだ」

と、無知《むち》な幕府《ばくふ》の応接掛《おうせつがか》りを脅《おど》しつけた。

このようにして、ついに三月三日《がつみっか》、十二カ条《じょう》からなる日米和親条約《にちべいわしんじょうやく》の調印《ちょういん》となるのだが、やがてオランダ・ロシア・イギリス・フランスと次々《つぎつぎ》に和親条約《わしんじょうやく》を、つづいて通商条約《つうしょうじょうやく》をむすんだ。

当時《とうじ》、長州藩《ちょうしゅうはん》は幕府《ばくふ》から命《めい》ぜられて相州警備《そうしゅうけいび》についており、嘉永《かえい》六年《ねん》のときとちがって、かなりの武装《ぶそう》をかためていた。第一回大森出陣《だいいっかいおおもりしゅつじん》に見《み》せた長州藩《ちょうしゅうはん》のすぐれた非常態勢《ひじょうたいせい》をかわれて、三浦半島警備《みうらはんとうけいび》の役《やく》がまわってきた。三田尻港《みたじりこう》から海路《かいろ》送《おく》り出《だ》された長州藩《ちょうしゅうはん》の武器《ぶき》は、大小《だいしょう》の大砲《たいほう》五百門《ひゃくもん》、その弾薬《だんやく》十五万発《まんぱつ》であった。このほか新《あたら》しく三十六門《もん》の巨砲《きょほう》を、江戸《えど》葛飾藩邸《かつしかはんてい》で鋳造《ちゅうぞう》するなど、長州藩《ちょうしゅうはん》の装備《そうび》は、幕府《ばくふ》をしのぐものとなった。

「相州警備《そうしゅうけいび》について、意見《いけん》のある者《もの》は上書《じょうしょ》を許《ゆる》す」

そんな通達《つうたつ》が藩邸内《はんていない》に貼《は》り出《だ》された。上書《じょうしょ》は家臣《かしん》が、藩主《はんしゅ》に宛《あ》てて自分《じぶん》の意見《いけん》を上申《じょうしん》することだが、このたびのようにそれを許《ゆる》すといわれないかぎり、勝手《かって》に提出《ていしゅつ》することはできない。江川太郎左衛門《えがわたろうざえもん》について、軍事知識《ぐんじちしき》を学《まな》んだばかりの小五郎《こごろう》が、この機会《きかい》をのがすはずがなかった。

小五郎《こごろう》は上書《じょうしょ》の下書《したが》きを書《か》きあげると、そのころ江戸《えど》に出《で》てきている吉田松陰《よしだしょういん》に批判《ひはん》してもらおうと思《おも》いついた。松陰《しょういん》は小五郎《こごろう》より一年《ねん》はやく江戸《えど》に出《で》たが、友人《ゆうじん》との約束《やくそく》を果《は》たすため、旅行《りょこう》の許可証《きょかしょう》を持《も》たずに東北方面《とうほくほうめん》にむかったので、それを脱藩《だっぱん》とみなされ、武《ぶ》士《し》の身分《みぶん》をうしなった。父《ちち》・杉百合之助《すぎゆりのすけ》あずかりという自由《じゆう》の身《み》となった松陰《しょういん》は、あらためて江戸遊学《えどゆうがく》を許《ゆる》され、佐久間象山《さくましょうざん》の塾《じゅく》にはいり西洋《せいよう》の知識《ちしき》を学《まな》びはじめた。

彼《かれ》は、桶町河岸《おけちょうがし》の鳥山新三郎《とりやましんさぶろう》がいとなむ私塾《しじゅく》「蒼龍軒《そうりゅうけん》」に寝泊《ねと》まりし、講師《こうし》のような仕《し》事《ごと》をしている。蒼龍軒《そうりゅうけん》は、さまざまな学問《がくもん》好《ず》きな人《ひと》があつまる交流《こうりゅう》の場所《ばしょ》になっている。小五郎《こごろう》は上書《じょうしょ》の下書《したが》きをもって、蒼龍軒《そうりゅうけん》に吉田松陰《よしだしょういん》を訪《たず》ねた。小五郎《こごろう》はかつて藩校明倫館《はんこうめいりんかん》で学《まな》んでいるころ、教授《きょうじゅ》だった松陰《しょういん》の兵学門下《へいがくもんか》に名《な》をつらねていた。

「先生《せんせい》、いかがでしょうか。ご意見《いけん》をお聞《き》かせください」

と、小五郎《こごろう》はそれを見《み》せた。松陰《しょういん》は念入《ねんい》りに目《め》をとおし、筆《ふで》をとって添削《てんさく》(文章《ぶんしょう》をなおす)をはじめた。

「異国人《いこくじん》に交易《こうえき》を許《ゆる》した場合《ばあい》、わがままなことをいい、要求《ようきゅう》が容《い》れられなければ、乱暴《らんぼう》をはたらくかもしれない」

小五郎《こごろう》がそう書《か》いているのを、

「桂《かつら》さん、これでは藩《はん》のお偉方《えらがた》はおどろかない。もっと具体的《ぐたいてき》にはっきり書《か》く必要《ひつよう》があります」

松陰《しょういん》はその部分《ぶぶん》を「彼《かれ》らは日本《にほん》の土地《とち》を借《か》りたいとか、城《しろ》を築《きず》くとか、また江戸《えど》近郊《きんこう》に商館《しょうかん》を建《た》てるとか、あらゆる方面《ほうめん》にわがままな要求《ようきゅう》をつきつけてくるかもしれない」と、なおした。

「城《しろ》を築《きず》くというようなことをいうでしょうか」

小五郎《こごろう》はすこし大仰《おおぎょう》ではないかと思《おも》った。

「これはわたしの勝手《かつて》な想像《そうぞう》ではない。ヨーロッパ列強《れっきょう》によるインドやマラッカの植民地《しょくみんち》でのやり方《かた》は、まず教会《きょうかい》を建《た》て、それを城郭《じょうかく》として侵略《しんりゃく》を拡大《かくだい》するといった方法《ほうほう》をとると聞《き》いています。城《しろ》はともかく、神奈川《かながわ》あたりに商館《しょうかん》を建《た》てるぐらいのことは、さっそくにもやりかねませんよ。和親条約《わしんじょうやく》をむすんだ以上《いじょう》、いずれそういうことになるのは覚悟《かくご》しなくてはならないでしょう。そこまで見《み》とおしたうえでの対策《たいさく》をたてるように建言《けんげん》すべきでしょう」

松陰先生《しょういんせんせい》のすぐれた識見《しきけん》とはこのことかと、小五郎《こごろう》はいまさら舌《した》をまいた。松陰《しょういん》はそのとき、とんでもないことを考《かんが》えていたのである。

――海外密航《かいがいみっこう》。

松陰《しょういん》は幕府《ばくふ》が和親条約《わしんじょうやく》を締結《ていけつ》したのなら、これは国《くに》と国《くに》との信義《しんぎ》の問題《もんだい》だから、いまさら開国《かいこく》に反対《はんたい》することはできない。それならいっそ米英《べいえい》に渡《わた》って、先進文明《せんしんぶんめい》を学《まな》び、力《ちから》をつけて外国《がいこく》に対抗《たいこう》すればよい。幕府《ばくふ》は海外渡航《かいがいとこう》を禁《きん》じているから、いまやってきているペリーの軍艦《ぐんかん》に乗《の》せてもらい、アメリカやヨーロッパに行《い》こう、そう考《かんが》えたのだ。

そんな大冒険《だいぼうけん》ができるはずがないと、みんな思《おも》っていた。ところが松陰《しょういん》はそれを実行《じっこう》したのである。

小五郎《こごろう》がそのことを知《し》ったのは、安政元年《あんせいがんねん》三月《がつ》の末《すえ》だった。松陰《しょういん》は、同行《どうこう》を希望《きぼう》した金《かね》子重之助《こじゅうのすけ》とふたりで下田《しもだ》沖《おき》に停泊《ていはく》しているアメリカの軍艦《ぐんかん》にペリーを訪《たず》ね、米国渡航《べいこくとこう》を願《ねが》い出《で》たが、拒否《きょひ》されて不成功《ふせいこう》に終《お》わった。下田《しもだ》にいた幕府《ばくふ》の役人《やくにん》に捕《と》らえられたという。

やがて小《こ》伝馬町《でんまちょう》の牢《ろう》につながれた松陰《しょういん》から「お金《かね》を都合《つごう》してもらえぬか」という手紙《てがみ》を小五郎《こごろう》はうけとった。獄中《ごくちゅう》で賄賂《わいろ》に使《つか》う金《かね》がないというのだ。小五郎《こごろう》はすぐに、はげましの手紙《てがみ》をつけて金《かね》をとどけてやる。松陰《しょういん》は、高杉晋作《たかすぎしんさく》はじめ門下生《もんかせい》たちにも同様《どうよう》の手紙《てがみ》を出《だ》している。

松陰《しょういん》の牢暮《ろうぐ》らしは、およそ半年間《はんとしかん》つづいた。それから萩《はぎ》に護送《ごそう》されて、城下《じょうか》の野山獄《のやまごく》にはいり、約《やく》一年後《ねんご》、仮釈放《かりしゃくほう》となり実家《じっか》の杉家《すぎけ》で松下村塾《しょうかそんじゅく》をひらく。松陰《しょういん》が若《わか》い人々《ひとびと》をあつめ、しきりに幕政批判《ばくせいひはん》を展開《てんかい》しているという噂《うわさ》が、江戸《えど》にまで伝《つた》わってきて、小五郎《こごろう》は不安《ふあん》になってきた。

出世《しゅっせ》

松陰《しょういん》が萩《はぎ》で松下村塾《しょうかそんじゅく》を興《おこ》そうとしているころの安政《あんせい》四(一八五七)年《ねん》、小五郎《こごろう》は二十五歳《さい》の春《はる》をむかえた。練兵館《れんぺいかん》の塾頭《じゅくとう》として、あいかわらず剣術《けんじゅつ》にもはげんでいる。練兵館《れんぺいかん》では斎藤弥九郎《さいとうやくろう》が還暦《かんれき》をむかえた。それを機《き》に隠居《いんきょ》して篤信斎《とくしんさい》と名《な》のり、二代目弥九郎《だいめやくろう》を新太郎《しんたろう》が継《つ》いだ。道場主《どうじょうぬし》の交代《こうたい》で、塾頭《じゅくとう》の小五郎《こごろう》もなにかと忙《いそが》しくすごしているうちに、五月《がつ》になった。

篤信斎《とくしんさい》は隠居《いんきょ》といっても、道場《どうじょう》から離《はな》れただけで、別《べつ》の場所《ばしょ》で新《あたら》しいことをはじめた。道場《どうじょう》の稽古《けいこ》だけでは実戦《じっせん》の役《やく》に立《た》たない、野外《やがい》の集団洋式訓練《しゅうだんようしきくんれん》をやっておこうというのである。

三番町《さんばんちょう》の野原《のはら》で、剣隊《けんたい》、銃隊《じゅうたい》・槍騎隊《そうきたい》にわかれて対抗戦《たいこうせん》をやり、篤信斎《とくしんさい》が馬上《ばじょう》から指揮《しき》した。その後《ご》、篤信斎《とくしんさい》は代々木《よよぎ》に転居《てんきょ》し、敷地《しきち》をきりひらいて練兵館専用《れんぺいかんせんよう》の調練場《ちょうれんじょう》をつくる計画《けいかく》だった。開墾《かいこん》には、門人《もんじん》を使《つか》った。

「海防《かいぼう》のためには、いつどこで砲台《ほうだい》を築《きず》くことになるかわからない。その工事《こうじ》のつもりで、しっかり土《つち》をかつぎなさい」と、篤信斎《とくしんさい》はみんなをはげました。

工事《こうじ》の合間《あいま》に野試合《のじあい》（戸外《こがい》に出《で》ておこなう稽古《けいこ》）もおこなわれた。道場《どうじょう》のなかで竹刀《しない》を打《う》ち合《あ》うだけだった剣術稽古《けんじゅつげいこ》が、ずいぶんちがったものになった。

五月《がつ》二十六日《にち》、アメリカ領事《りょうじ》タウンゼント・ハリスの強引《ごういん》な要求《ようきゅう》によって、下田条約《しもだじょうやく》の調印《ちょういん》となる。これは日米約定《にちべいやくじょう》ともいう。ペリーがむすんで帰《かえ》った日米和親条約《にちべいわしんじょうやく》を補修《ほしゅう》する条約《じょうやく》で、ハリスと下田奉行《しもだぶぎょう》とのあいだで締結《ていけつ》された。日米両国貨幣《にちべいりょうこくかへい》の交換《こうかん》とりきめをはじめ、日本《にほん》に在住《ざいじゅう》するアメリカ人《じん》の権利《けんり》がいちだんと拡大《かくだい》された内容《ないよう》となっている。

下田条約《しもだじょうやく》をむすんだハリスは、勢《いきお》いづいて江戸城《えどじょう》に将軍《しょうぐん》を訪《たず》ねたいといいだした。大統領《だいとうりょう》の親書《しんしょ》を渡《わた》すのだという。ねらいは通商条約《つうしょうじょうやく》の締結《ていけつ》である。それが彼《かれ》らの最終目的《さいしゅうもくてき》なのだ。ハリスの江戸《えど》登城《とじょう》には反対論《はんたいろん》がうずまいたが、幕府《ばくふ》はこれを許《ゆる》し、十月《がつ》二十一日《にち》、ハリスの江戸《えど》登城《とじょう》は実現《じつげん》した。もうハリスの思《おも》うままである。国内《こくない》にはごうごうたる攘夷論《じょういろん》がわきかえり、政局《せいきょく》はにわかに険悪《けんあく》となった。

このころ小五郎《こごろう》は江戸《えど》滞在《たいざい》四年《ねん》がすぎ、帰国命令《きこくめいれい》が出《で》ようとしていた。まえにも一度《いちど》、延期《えんき》願《ねが》いを提出《ていしゅつ》して許《ゆる》されている。こんども斎藤篤信斎《さいとうとくしんさい》・新太郎《しんたろう》父子《おやこ》がふたたび帰国《きこく》の延《えん》期《き》をうまくとりはからってくれた。篤信斎《とくしんさい》・新太郎《しんたろう》父子《おやこ》は長州藩主《ちょうしゅうはんしゅ》毛利《もうり》慶親《よしちか》のお気《き》に入《い》りの剣士《けんし》だったから、そんな無理《むり》もきくのである。小五郎《こごろう》はさらに江戸《えど》滞在《たいざい》を許《ゆる》された。ふつうではあり得《え》ないことである。

安政《あんせい》五（一八五八）年《ねん》の春《はる》がめぐってきた。四月《がつ》には、彦根《ひこね》藩主《はんしゅ》・井伊《いい》直弼《なおすけ》が大老《たいろう》に就任《しゅうにん》した。大老《たいろう》はいまの総理《そうり》大臣《だいじん》である。直弼《なおすけ》は将軍継嗣問題《しょうぐんけいしもんだい》・通商条約調印《つうしょうじょうやくちょういん》という困難《こんなん》な問題《もんだい》を、一気《いっき》に解決《かいけつ》しようとしていた。

通商条約調印《つうしょうじょうやくちょういん》はハリスの強硬《きょうこう》な要求《ようきゅう》で、幕府《ばくふ》はこまりはてているのだが、朝廷《ちょうてい》が反対《はんたい》の立場《たちば》をとっているので、ふんぎりがつかないまま足踏《あしぶ》み状態《じょうたい》になっていた。また将軍継嗣問題《しょうぐんけいしもんだい》というのは、現将軍《げんしょうぐん》（十三代《だい》）家定《いえさだ》の跡《あと》継ぎをだれにするかということだ。家定《いえさだ》が病弱《びょうじゃく》なので、はやく決《き》めておかなければならない。これは南紀派《なんきは》と一橋派《ひとつばしは》にわれて暗闘《あんとう》していた。直弼《なおすけ》は幕府《ばくふ》の独裁体制《どくさいたいせい》を守《まも》るため南紀派《なんきは》にくわわって、紀州《きしゅう》の徳川慶福《とくがわよしとみ》を推《お》した。これに対《たい》して、一橋派《ひとつばしは》は独裁体制《どくさいたいせい》をあらため、諸藩連合《しょはんれんごう》による幕政改革《ばくせいかいかく》を進《すす》めようとする越前福井藩主《えちぜんふくいはんしゅ》・松平慶永《まつだいらよしなが》（春嶽《しゅんがく》）、薩摩《さつま》藩主《はんしゅ》・島津斉彬《しまづなりあきら》らが一橋家《ひとつばしけ》の一橋慶喜《ひとつばしよしのぶ》を推《お》している。

井伊《いい》直弼《なおすけ》は大老《たいろう》という権力《けんりょく》の座《ざ》につくなり、懸案《けんあん》の問題《もんだい》をふたつとも強引《ごういん》に決着《けっちゃく》させた。

十四代将軍《だいしょうぐん》は徳川慶福《とくがわよしとみ》（のちの家茂《いえもち》）に決《き》まり、日米修好通商条約《にちべいしゅうこうつうしょうじょうやく》にも調印《ちょういん》してしまった。天皇《てんのう》の許《ゆる》しを得《え》ない直弼《なおすけ》の独裁的政治行為《どくさいてきせいじこうい》は、尊王攘夷論《そんのうじょういろん》をいっぺんに沸騰《ふっとう》させ、政《せい》局《きょく》の混迷《こんめい》は極点《きょくてん》に達《たっ》した。

直弼《なおすけ》はここで外交《がいこう》に対《たい》する幕政批判勢力《ばくせいひはんせいりょく》に、大弾圧《だいだんあつ》をくわえるのである。これが安政《あんせい》の大獄《たいごく》で、幕府内部《ばくふないぶ》の抗争《こうそう》などもからんで、陰惨《いんさん》にエスカレートした。

安政《あんせい》五年《ねん》八月上旬《がつじょうじゅん》、朝廷《ちょうてい》から水戸藩《みとはん》にとどけられた密勅《みっちょく》の写《うつ》しが、十三藩《ぱん》にくばられた。長州藩《ちょうしゅうはん》にそれが到着《とうちゃく》したのは、八月《がつ》二十一日《にち》だった。朝廷《ちょうてい》が幕府《ばくふ》にあたえた抗議書《こうぎしょ》ともいえるこれが戊午《ぼご》の密勅《みっちょく》である。

それは小五郎《こごろう》が大検使《だいけんし》として、江戸藩邸詰《えどはんていづ》めの番手《ばんしゅ》を命《めい》ぜられてまもなくのことだった。大検使《だいけんし》は藩邸《はんてい》の勘定方《かんじょうがた》その他《た》の各部署《かくぶしょ》をまとめ、金銭出納《きんせんすいとう》を検閲《けんえつ》し、工事《こうじ》や物資《ぶっし》の調達《ちょうたつ》をするなどの重要《じゅうよう》な職務《しょくむ》である。

この昇進《しょうしん》はやはり練兵館《れんぺいかん》の塾頭《じゅくとう》などを務《つと》めているうちに、藩邸《はんてい》のほうでも小五郎《こごろう》の力量《りきりょう》を認《みと》めたうえでの抜擢《ばってき》にちがいなかった。しかし、彼《かれ》にしてみれば、藩邸内《はんていない》に起居《ききょ》して、朝《あさ》から晩《ばん》まで忙《いそが》しいばかりの、しんどい仕事《しごと》に追《お》われる毎日《まいにち》である。練兵館《れんぺいかん》に行《い》って竹刀《しない》も握《にぎ》れなければ、習《なら》いはじめた英語《えいご》の勉強《べんきょう》も中止《ちゅうし》したままだ。

小五郎《こごろう》と竜馬《りょうま》の十本勝負《ぽんしょうぶ》

暑気《しょき》が薄《うす》らいだなと思《おも》っているうちに、いつのまにか秋《あき》になった。十月《がつ》の終《お》わりごろ小《こ》五郎《ごろう》に帰国命令《きこくめいれい》が出《で》た。もう延期《えんき》はできない。藩邸《はんてい》の仕事《しごと》にもあきあきしていたので、すくわれたようなものだが、江戸《えど》と別《わか》れるのがつらくもある複雑《ふくざつ》な気持《きも》ちだった。小五郎《こごろう》はすっかり江戸《えど》の人《ひと》になっていたのである。

小五郎《こごろう》はまだ練兵館《れんぺいかん》の塾頭《じゅくとう》ということになっているので、さっそく斎藤弥九郎《さいとうやくろう》に帰国《きこく》する旨《むね》を報告《ほうこく》した。

「残念《ざんねん》だがしかたないな。ところで桂《かつら》さん、練兵館塾頭《れんぺいかんじゅくとう》としての最後《さいご》の務《つと》めを果《は》たしてくれまいか」

弥九郎《やくろう》がすこしあらたまった顔《かお》でいった。土州《どしゅう》(高知《こうち》)藩邸《はんてい》での撃剣大集会《げっけんだいしゅうかい》に練兵館《れんぺいかん》を代《だい》表《ひょう》して出場《しゅつじょう》してもらいたいというのである。山内家《やまうちけ》のこの大集会《だいしゅうかい》には、桃井道場《ももいどうじょう》、千葉道《ちばどう》場《じょう》からも出場《しゅつじょう》する。そのほか、江戸《えど》の名《な》だたる剣客《けんかく》が一堂《いちどう》に会《かい》して、技《わざ》を競《きそ》う派手《はで》な催《もよお》しだった。藤堂家《とうどうけ》の撃剣大集会《げっけんだいしゅうかい》とならんで江戸《えど》の名物《めいぶつ》にもなっており、それに出場《しゅつじょう》するのは、剣士《けんし》にとっては、ヒノキ舞台《ぶたい》に立《た》つ名誉《めいよ》なことだ。

各道場主《かくどうじょうぬし》は自慢《じまん》の門弟《もんてい》をつれて、鍛冶橋《かじばし》の土州屋敷《どしゅうやしき》にあつまってくる。立《た》ち合《あ》いは、門《もん》弟《てい》たちがおこない、流派《りゅうは》の実力《じつりょく》を競《きそ》うのである。

その日《ひ》、参加《さんか》したおもな剣客《けんかく》は、北辰一刀流《ほくしんいっとうりゅう》の千葉道場《ちばどうじょう》から坂本竜馬《さかもとりょうま》（土佐《とさ》）と海保帆《かいほはん》平《ぺい》（水戸《みと》）、鏡心明智流《きょうしんめいちりゅう》の桃井道場《ももいどうじょう》からは阪部大作《はっとりだいさく》（吉田《よしだ》）、そして神道無念流《しんとうむねんりゅう》の練兵館《れんぺいかん》からは弥九郎《やくろう》につれられて桂小五郎《かつらこごろう》・仏生寺弥助《ぶっしょうじやすけ》・岩永杢助《いわながもくすけ》らだった。

小五郎《こごろう》は、まず直心影流《じきしんかげりゅう》　長沼正兵衛《ながぬませいべえ》門下《もんか》の福富健治《ふくとみけんじ》と立《た》ち合《あ》ったが、十本《ぽん》のうち八本《ぽん》をとって楽勝《らくしょう》した。次《つぎ》の相手《あいて》は、富田尾三郎《とみたおさぶろう》だという。富田《とみた》は柳剛流《りゅうごうりゅう》の名手《めいしゅ》とは聞《き》いているが、小五郎《こごろう》のよく知《し》らない剣客《けんかく》だった。これまで柳剛流《りゅうごうりゅう》という流派《りゅうは》と試合《しあい》したことは一度《いちど》もない。

この流派《りゅうは》は、面《めん》・小手《こて》・胴《どう》のほかに脛《すね》を打《う》つ。いやな相手《あいて》と組《く》まされたものだと、小五郎《こごろう》はちょっと眉《まゆ》をひそめた。江戸《えど》を去《さ》る最後《さいご》の試合《しあい》で、あまりみじめな負《ま》け方《かた》をしたくないと思《おも》った。

「塾頭《じゅくとう》、柳剛流《りゅうごうりゅう》と立《た》ち合《あ》ったことがありますか」

同門《どうもん》の仏生寺弥助《ぶつしょうじやすけ》が、出番《でばん》の近《ちか》づいた小五郎《こごろう》にささやいた。

「ない。柳剛流《りゅうごうりゅう》は脛《すね》を打《う》つとは聞《き》いている。ふせぐしかない。居合《いあい》なら脛囲《すねがこ》いの技《わざ》がある。霞《かすみ》でいこうと思《おも》っています」

「わたしは富田《とみた》と立《た》ち合《あ》ったことがありますが、やはり最初《さいしょ》から脛《すね》をねらってきますよ。脛囲《すねがこ》いでは、一撃《いちげき》は避《さ》け得《え》ても、面《めん》に隙《すき》ができる。青眼《せいがん》にかまえながら、跳《と》ぶようにうごきまわったほうがよいようです。少々《しょうしょう》格好《かっこう》はわるいが、あれがいちばんです。そうすれば脛《すね》を打《う》ってきたときの相手《あいて》の面《めん》をねらえます」

「ありがとう、やってみる」

小五郎《こごろう》は弥助《やすけ》に礼《れい》をいい、試合場《しあいじょう》に進《すす》み出《で》た。思《おも》ったとおり富田《とみた》は長《なが》い竹刀《しない》を振《ふ》るって、左右《さゆう》から脛《すね》を打《う》ってきた。小五郎《こごろう》は弥助《やすけ》にいわれたように、跳躍《ちょうやく》しながら防御《ぼうぎょ》につとめた。富田《とみた》が意外《いがい》な面持《おもも》ちで、はげしく小五郎《こごろう》を追《お》い立《た》てる。何度目《なんどめ》か、左《ひだり》から脛《すね》をねらってきた富田《とみた》の頭部《とうぶ》にわずかな隙《すき》が見《み》えた。すかさず小五郎《こごろう》は左《ひだり》の片手《かたて》上段《じょうだん》で飛《と》びあがりざま、したたかな一撃《いちげき》を相手《あいて》の横面《よこめん》にくわえた。

検証《けんしょう》の師範《しはん》石山権兵衛《いしやまごんのひょうえ》から「一本《いっぽん》」と、するどい声《こえ》がかかる。二本目《ほんめ》もおなじような結果《けっか》となった。富田《とみた》に焦《あせ》りが見《み》えてくる。柳剛流《りゅうごうりゅう》の脛打《すねう》ちも、その手《て》の内《うち》を読《よ》まれると、薙《なぎ》刀《なた》とちがってからだが崩《くず》れるように敵《てき》に近《ちか》づくのだから、隙《すき》だらけの剣法《けんぽう》だった。

三本目《ぼんめ》から富田《とみた》は青眼《せいがん》に構《かま》え、正面《しょうめん》から攻撃《こうげき》してきた。小五郎《こごろう》はようやく得意《とくい》の大上段《だいじょうだん》に太刀《たち》をとり、悠然《ゆうぜん》と対《たい》している。こうなれば柳剛流《りゅうごうりゅう》は、神道無念流《しんとうむねんりゅう》の敵《てき》ではなかった。

七対《たい》三で小五郎《こごろう》の圧勝《あっしょう》に終《お》わった。

庭《にわ》で汗《あせ》を拭《ふ》いていると、ひとりの男《おとこ》がのっそりと小五郎《こごろう》に近《ちか》づいてきた。笑《わら》っている。

「桂《かつら》さんですかいの。わしは千葉《ちば》のところにいる坂本竜馬《さかもとりょうま》です」

「存《ぞん》じています。さきほどの島田《しまだ》さんとの試合《しあい》を拝見《はいけん》しました」

小五郎《こごろう》は、慇懃《いんぎん》(ていねい)に頭《あたま》をさげた。

「いやあ、おまんの立《た》ち合《あ》いは見事《みごと》でした。わしはまえに富田《とみた》からこっぴどい目《め》に合《あ》わされたことがあるきに、おまんがどう戦《たたか》うか、それを楽《たの》しみにしちょりましたが、うまく考《かんが》えたものですのう」

「うちの仏生寺《ぶっしょうじ》が教《おし》えてくれたのです」

「ああ、練兵館《れんぺいかん》のつわものですか。わしは話《はなし》に聞《き》くだけで、神道無念流《しんとうむねんりゅう》と立《た》ち合《お》うたことがない。一度《いちど》、手合《てあ》わせ願《ねが》えませんか」

「残念《ざんねん》ながら、わたしは近《ちか》く帰国《きこく》します。とうぶん、江戸《えど》ともお別《わか》れであります」

「それは、いつですか」

「十一月《がつ》二十日《はつか》ごろになりましょう」

「それなら、まにあう」

竜馬《りょうま》が、大《おお》きな声《こえ》を出《だ》した。そして彼《かれ》は熱心《ねっしん》に小五郎《こごろう》をさそった。十一月《がつ》のはじめ、桃《もも》井《い》春蔵《しゅんぞう》の士学館《しがくかん》で撃剣大会《げっけんたいかい》がある。他流《たりゅう》からの参加《さんか》も自由《じゆう》で、ここは五人抜《にんぬ》き試合《しあい》だから、自分《じぶん》の腕《うで》をためすにはもってこいの機会《きかい》だという。

「わしは行《い》くつもりだが、桂《かつら》さんも江戸《えど》の名残《なごり》でどうです、ひと試合《しあい》……」

竜馬《りょうま》はこのとき北辰一刀流《ほくしんいっとうりゅう》の剣士《けんし》として江戸《えど》でも名《な》が知《し》られている。おなじ剣士仲間《けんしなかま》と思《おも》ってか、以前《いぜん》から友《とも》だちづきあいをしてでもいたような気安《きやす》さで、初対面《しょたいめん》からいきなり親《した》しげに接近《せっきん》してくる。

「都合《つごう》をつけて、のぞいてみることにします」

「では、桃井道場《ももいどうじょう》で」

飄々《ひょうひょう》とした足《あし》どりで、竜馬《りょうま》は立《た》ち去《さ》った。

これが、やがて歴史的《れきしてき》な大事業《だいじぎょう》を完成《かんせい》させるため、たがいに手《て》をとり合《あ》うふたりが、はじめて出会《であ》ったときの光景《こうけい》である。

斎藤弥九郎《さいとうやくろう》に桃井道場《ももいどうじょう》での大会《たいかい》のことをいうと、

「わたしも桃井《ももい》さんから案内《あんない》をうけた。行《い》ってみるかね」

と、弥九郎《やくろう》ものり気《き》だった。

「帰国《きこく》までは、どうせひまですから、よければおつれください。士学館《しがくかん》の塾頭《じゅくとう》は、土佐《とさ》の武市半平太《たけちはんぺいた》という人《ひと》でしたね」

「かなりの人物《じんぶつ》らしい」

武市半平太《たけちはんぺいた》は、小五郎《こごろう》より四《よっ》つ年上《としうえ》である。瑞山《ずいざん》と号《ごう》した。坂本竜馬《さかもとりょうま》とおなじく土佐《とさ》の郷士《ごうし》である。彼《かれ》も剣術《けんじゅつ》にはげんだ。十二、三歳《さい》ころから小野派一刀流《おのはいっとうりゅう》を学《まな》び、二十七歳《さい》のとき免許皆伝《めんきょかいでん》をうけ、道場《どうじょう》をひらいた。百人余《ひゃくにんよ》の門弟《もんてい》をかかえ、これがのちの土佐勤王党《とさきんのうとう》の母体《ぼたい》となる。

弟子《でし》のなかには、天才的剣士《てんさいてきけんし》・岡田以蔵《おかだいぞう》がいる。その殺人剣《さつじんけん》をもって、武市《たけち》のためにはたらき「人斬り以蔵《ひときりいぞう》」と恐《おそ》れられた。

武市《たけち》は郷里《きょうり》の道場《どうじょう》をたたんで、安政三年《あんせいねん》、江戸《えど》へ出《で》てきた。桃井春蔵《ももいしゅんぞう》を頼《たよ》って、士学館《しがくかん》に入門《にゅうもん》、免許《めんきょ》をうけてそこの塾頭《じゅくとう》となったのは、その翌年《よくねん》である。

士学館《しがくかん》での撃剣集会《げっけんしゅうかい》の日《ひ》がおとずれた。この日《ひ》、武市《たけち》はひきうけ側《がわ》にいて、世話係《せわがかり》をつとめたので、彼《かれ》の太刀《たち》さばきを見《み》ることはできなかった。

試合《しあい》にはいり、注目《ちゅうもく》の五人抜《にんぬ》きがはじまったのは午後《ごご》である。元気《げんき》だけはよい若《わか》い連中《れんちゅう》がふるいおとされ、立《た》ち合《あ》いは手練《てだれ》の剣士《けんし》のあいだで、抜《ぬ》きつ抜《ぬ》かれつの白熱戦《はくねっせん》となった。

小五郎《こごろう》が出《で》て、めぼしい四人《よにん》を倒《たお》した。練兵館塾頭《れんぺいかんじゅくとう》桂小五郎《かつらこごろう》の名《な》が道場内《どうじょうない》でささやかれ、五人目《にんめ》の相手《あいて》は、なかなか出《で》てこなかった。

小五郎《こごろう》が、どうやら名残《なごり》の試合《しあい》にふさわしいものになったと、思《おも》わず微笑《びしょう》を浮《う》かべていると、ようやく五人目《にんめ》が決《き》まった。

「北辰一刀流《ほくしんいっとうりゅう》、坂本竜馬《さかもとりょうま》」

小五郎《こごろう》は、かすかに「あっ」と叫《さけ》びそうになった。さきほどまですがたを見《み》せなかった竜馬《りょうま》が、いつのまにかやってきている。まるで仕組《しく》んだような五人目《にんめ》の挑戦者《ちょうせんしゃ》として、竜《りょう》馬《ま》があらわれたのである。

「武市《たけち》さんにいわれて、やむなく出《で》ました。わるう思《おも》わんでください」

面具《めんぐ》のひもをしめなおし、控《ひか》えの席《せき》についた小五郎《こごろう》の耳《みみ》もとに、竜馬《りょうま》がすばやくささやいた。わるく思《おも》うなとは、小五郎《こごろう》の五人抜《にんぬ》きを阻止《そし》するぞということである。

「この男《おとこ》、もう勝《か》つ気《き》でいるのか」と、小五郎《こごろう》は苦笑《くしょう》しながら立《た》ちあがった。

小五郎《こごろう》と坂本竜馬《さかもとりょうま》は、伯仲《はくちゅう》の技《わざ》を競《きそ》う激《はげ》しい立《た》ち合《あ》いを展開《てんかい》し、その日《ひ》の試合《しあい》のなかで最高《さいこう》に見応《みごた》えのあるものとなった。相打《あいう》ちが十本《ぽん》もつづくという大接戦《だいせっせん》である。

いよいよ十一本目《ぼんめ》、きりあげの勝負《しょうぶ》となる。小五郎《こごろう》は大上段《だいじょうだん》からすさまじい勢《いきお》いで振《ふ》りおろした。力《ちから》の剣法《けんぽう》といわれる神道無念流《しんとうむねんりゅう》の大胆《だいたん》な荒技《あらわざ》だが、竜馬《りょうま》もすて身《み》を覚悟《かくご》した。小五郎《こごろう》がうごくと同時《どうじ》に、右足《みぎあし》を一歩《いっぽ》大《おお》きく踏《ふ》み出《だ》し、床《ゆか》に膝《ひざ》を屈《くっ》して必殺《ひっさつ》の突《つ》きを繰《く》り出《だ》した。小五郎《こごろう》はたしかに竜馬《りょうま》の面《めん》を打《う》った。しかし、突《つ》き出《だ》された竜馬《りょうま》の剣尖《けんせん》に喉《のど》を襲《おそ》われた。まるで首《くび》が跳《と》ぶように、高々《たかだか》と、はずれた小五郎《こごろう》の面具《めんぐ》が空中《くうちゅう》に舞《ま》いあがったのである。相打《あいう》ちだった。

小五郎《こごろう》の五人《にんぬ》抜きは、竜馬《りょうま》のためにはばまれたが、悔《く》いのない名勝負《めいしょうぶ》だった。歓声《かんせい》と拍《はく》手《しゅ》で場内《じょうない》がどよめいた——。

嵐《あらし》のまえの静《しず》かなひとときである。道場《どうじょう》で竹刀《しない》による剣術《けんじゅつ》を競《きそ》う平穏《へいおん》な日常《にちじょう》が、音《おと》を立《た》ててくずれる日《ひ》がまぢかにせまっていた。桃井《ももい》の士学館《しがくかん》に、このとき桂小五郎《かつらこごろう》、坂本竜馬《さかもとりょうま》、武市半平太《たけちはんぺいた》の三人《にん》が顔《かお》を合《あ》わせたのは、これも時代《じだい》を暗示《あんじ》するささやかな記念《きねん》の日《ひ》というものだった。

安政《あんせい》五年《ねん》、小五郎《こごろう》が江戸《えど》へ出《で》てきてから六年《ねん》の歳月《さいげつ》が流《なが》れている。剣術《けんじゅつ》からはじまって砲台築造《ほうだいちくぞう》、砲術《ほうじゅつ》、小銃《しょうじゅう》、軍艦建造《ぐんかんけんぞう》まで、試行錯誤《しこうさくご》する小五郎《こごろう》の江戸遊学《えどゆうがく》は、出発点《しゅっぱつてん》にかえるかのように、華麗《かれい》ともいうべき剣術試合《けんじゅつじあい》によって幕《まく》を閉《と》じた。

第三章

志士となる日

松陰《しょういん》の屍《しかばね》

身《み》はたとひ武蔵《むさし》の野辺《のべ》に朽《く》ちぬとも留《とど》め置《おか》まし大和魂《やまとだましい》

(わたしの肉体《にくたい》は武蔵《むさし》の国《くに》の江戸《えど》の野原《のはら》で滅《ほろ》びてしまっても、大和魂《やまとだましい》だけは、永遠《えいえん》に生《い》きつづけるのだ)

吉田《よしだ》松陰《しょういん》

秋風《しゅうふう》小塚原《こづかっぱら》
国《くに》を憂《うれ》え人《ひと》を愛《あい》した仁人君子《じんじんくんし》の骨《ほね》ここに枯《か》れる。

独立不羈《どくりつふき》三千《ぜん》年《ねん》の大日本《だいにっぽん》、
一朝《いっちょう》、人《ひと》の羈縛《きばく》（自由《じゆう》を束縛《そくばく》される）を受《う》くること、
血性《けっせい》ある者《もの》視《み》るに忍《しの》ぶべけんや、
那波列翁《ナポレオン》を起《おこ》して
フレーヘード（オランダ語《ご》で自由《じゆう》という意味《いみ》）を
唱《とな》えねば腹悶医《ふくもんいや》し難《がた》し。
僕《ぼく》、もとよりその成《な》すべからざるは知《し》れども、
昨年来《さくねんらい》、微力《びりょく》相応《そうおう》に粉骨砕身《ふんこつさいしん》すれどひとつも裨益《ひえき》なし。
徒《いたずら》に岸獄《がんごく》に坐《ざ》するを得《う》るのみ。

松陰《しょういん》の屍《しかばね》のまるで子《こ》どものようにも軽《かる》いのに、
強《つよ》い衝撃《しょうげき》をうけた小五郎《こごろう》は、

おもわず「ああ」と声《こえ》をもらした。
これが幕府《ばくふ》を相手《あいて》に堂々《どうどう》と論戦《ろんせん》をいどみ、
老中暗殺《ろうじゅうあんさつ》をたくらんだ人《ひと》なのか。
人間《にんげん》という小《ち》さな身体《しんたい》にやどる精神《せいしん》の偉大《いだい》さ。
その肉体《にくたい》が滅《ほろ》びたあとの心《こころ》や意志《いし》や精神《せいしん》はどこにいくのか。

大獄《たいごく》とはなんだったのだろう。
それは十四代将軍《だいしょうぐん》の座《ざ》を争奪《そうだつ》する幕府《ばくふ》の内輪《うちわ》もめから発《はっ》して、
幕政《ばくせい》を批判《ひはん》する勢力《せいりょく》への大弾圧《だいだんあつ》に発展《はってん》した。
幕府《ばくふ》が独裁体制《どくさいたいせい》を維持《いじ》するために、
その自《みずか》らの権力《けんりょく》をふるって強行《きょうこう》した大量殺戮《たいりょうさつりく》。
日本《にほん》という国家《こっか》のためではなく、

幕府《ばくふ》自身《じしん》の保身《ほしん》のための愚挙《ぐきょ》でしかなかったのだ。
――このような徳川幕府《とくがわばくふ》に、日本《にほん》の政治《せいじ》をまかせてはおけない。
桂小五郎《かつらこごろう》の倒幕《とうばく》の意志《いし》は、
いま、この荒涼《こうりょう》とした小塚原原頭《こづかっぱらげんとう》（原《はら》のほとり）で、
幕府《ばくふ》に殺《ころ》された松陰《しょういん》の血《ち》にまみれた屍《しかばね》を抱《だ》いたこのとき決《き》まった。

「吾輩《わがはい》、皆《みな》に先駆《さきが》けて死《し》んでみせたら、
立《た》ちあがる者《もの》も出《で》てくるにちがいない」
萩《はぎ》の野山獄《のやまごく》にいるとき松陰《しょういん》はそのように予言《よげん》した。
松陰《しょういん》はまさしく殉教者《じゅんきょうしゃ》であった。
松陰《しょういん》の遺志《いし》は烈《はげ》しい火種《ひだね》となって、

彼《かれ》の教《おし》え子《ご》たちのなかにとどまり、
やがて倍加《ばいか》したエネルギーとなって、燃《も》えさかる。

桂小五郎《かつらこごろう》よ、国事《こくじ》は傍観《ぼうかん》して済《す》むものではないぞ
桂小五郎《かつらこごろう》よ、国事《こくじ》は傍観《ぼうかん》して済《す》むものではないぞ
桂小五郎《かつらこごろう》よ、国事《こくじ》は傍観《ぼうかん》して済《す》むものではないぞ……

松陰《しょういん》の声《こえ》がリフレインしながら追《お》いかけてくる。
小五郎《こごろう》は奮《ふる》い立《た》つ！

安政《あんせい》の大獄《たいごく》

安政《あんせい》五年《ねん》十一月《がつ》二十六日《にち》、小五郎《こごろう》は江戸《えど》を出発《しゅっぱつ》して帰国《きこく》の途《と》についた。その年《とし》の末《すえ》、萩城下《はぎじょうか》に到着《とうちゃく》した小五郎《こごろう》を待《ま》っていたのは、耳《みみ》を疑《うたが》うような話《はなし》だった。吉《よし》田松陰《だしょういん》が投獄《とうごく》されたというのである。松下村塾《しょうかそんじゅく》で若《わか》い者《もの》を相手《あいて》に学問《がくもん》を講《こう》じているとばかり思《おも》っていた松陰《しょういん》が、門下生《もんかせい》十七人《にん》をひきいて、老中間部詮勝《ろうじゅうまなべあきかつ》の暗殺《あんさつ》を計画《けいかく》して捕《と》らえられたのだ。

井伊大老《いいたいろう》から朝廷弾圧《ちょうていだんあつ》の密命《みつめい》をあたえられた間部《まなべ》を長州藩《ちょうしゅうはん》の手《て》で殺《ころ》してしまおうと、藩《はん》政府《せいふ》に大砲《たいほう》や弾薬《だんやく》を提供《ていきょう》してもらいたいと願《ねが》い出《で》た。藩《はん》は松陰《しょういん》の過激《かげき》な言動《げんどう》におどろいて、まず松下村塾《しょうかそんじゅく》の閉鎖《へいさ》と、松陰《しょういん》の自宅謹慎《じたくきんしん》を命《めい》じた。こんなことが幕府《ばくふ》にもれたら藩《はん》そのものが咎《とが》められると恐《おそ》れたのだ。

多《おお》くの塾生《じゅくせい》は離《はな》れていった。最後《さいご》まで松陰《しょういん》のそばにのこったのは、十人《にん》ばかりの者《もの》だった。江戸《えど》にいる高杉晋作《たかすぎしんさく》や久坂玄瑞《くさかげんずい》から高弟《こうてい》にしても、松陰《しょういん》から同調《どうちょう》の手紙《てがみ》をもらいながら沈黙《ちんもく》を守《まも》っている。とてもついていけないのだ。

「……これより戸《と》を閉《と》ざして部屋《へや》にこもり、諸君《しょくん》とは絶交《ぜっこう》する。諸君《しょくん》は好《す》きな道《みち》を進《すす》めばよかろう。わたしは静《しず》かに見守《みまも》っていよう」

失意《しつい》の言葉《ことば》をつらねた『諸友《しょゆう》に示《しめ》す』の一文《いちぶん》をのこし、松陰《しょういん》は杉家《すぎけ》の座敷牢《ざしきろう》にはいった。

厚狭郡吉田《あさぐんよしだ》の代官《だいかん》をしていた叔父《おじ》の玉木文之進《たまきぶんのしん》の奔走《ほんそう》で、松陰《しょういん》は投獄《とうごく》をまぬがれ、謹慎《きんしん》処分《しょぶん》になったのだが、この先《さき》またなにをしでかすかわからないとの不安《ふあん》から、決定《けってい》をくつがえして、藩《はん》は十二月《がつ》二十六日《にち》、とつぜん野山獄《のやまごく》入りを命《めい》じてきた。小五郎《こごろう》が萩《はぎ》に帰《かえ》り着《つ》く直前《ちょくぜん》のことである。

松陰《しょういん》はやせて不精髭《ぶしょうひげ》をのばし、目《め》だけをぎらつかせている。高杉晋作《たかすぎしんさく》ら江戸《えど》にいる門下《もんか》生《せい》からの手紙《てがみ》を彼《かれ》がうけとったのは、安政《あんせい》六(一八五九)年《ねん》一月《がつ》十一日《にち》、待《ま》ちに待《ま》った便《たよ》りである。

ところが松陰《しょういん》がうけとったのは、「暴挙《ぼうきょ》」をいさめ、へたをすれば長州藩《ちょうしゅうはん》そのものを危機《きき》に追《お》いやることになるので、しばらく自重《じちょう》すべきだという忠告文《ちゅうこくぶん》だった。それは桂小五郎《かつらこごろう》とも相談《そうだん》したうえでの結論《けつろん》だという。

「なんたることを！」

歯《は》ぎしりしながら、それを手荒《てあら》くまるめて床《ゆか》にたたきつけた。松陰《しょういん》は動転《どうてん》し怒《いか》っていた。

登城《とじょう》して帰省《きせい》の報告《ほうこく》など公務《こうむ》をすませた小五郎《こごろう》が、野山獄《のやまごく》にいる松陰《しょういん》に面会《めんかい》したのは、一月《がつ》なかばだった。

松陰《しょういん》は小五郎《こごろう》を見《み》るなり、

「君《きみ》はこの国《くに》のために、命《いのち》をすてることができるか」

と、吠《ほ》えるようにいう。

「正義《せいぎ》とあれば死《し》の危険《きけん》もかえりみないつもりです」

「疑《うたが》わしいものだ。よいか小五郎《こごろう》、忠義《ちゅうぎ》と申《もう》すものは、鬼《おに》の留守《るす》のあいだに茶《ちゃ》を呑《の》むようなものではないぞ。江戸《えど》にいる久坂《くさか》や高杉《たかすぎ》なども、僕《ぼく》とは意見《いけん》がちがうようだ。僕《ぼく》は忠義《ちゅうぎ》をなすつもり、諸友《しょゆう》は功業《くぎょう》をなすつもり……」

ハンガー・ストライキのように絶食《ぜっしょく》したりして、わめきちらしている。信頼《しんらい》していた門下《かもん》や親友《しんゆう》と思《おも》っていた小五郎《こごろう》から裏《うら》ぎられたという悲《かな》しみや怒《いか》りが、彼《かれ》を錯乱《さくらん》させているのだった。

「おちついて、おちついて」と、なだめるつもりだったが、まったく手《て》がつけられないまま、ひきかえすしかなかった。

翌日《よくじつ》、小五郎《こごろう》に宛《あ》てた松陰《しょういん》の手紙《てがみ》が送《おく》られてきたが、いわば意味不明《いみふめい》の言葉《ことば》が書《か》きつらねてあり、返事《へんじ》の出《だ》しようもない。

「興奮《こうふん》させるので、とうぶんは先生《せんせい》に会《あ》わないほうがよいのではないか」

小五郎《こごろう》は松陰《しょういん》をひとりにし、しばらくは面会《めんかい》にいかないようにと、みんなに呼《よ》びかけた。

そのため数日《すうじつ》してだいぶおちついてきたらしい、今度《こんど》は、だれかれなしに手紙《てがみ》を書《か》きまくっているという。

門人《もんじん》の岡部富太郎《おかべとみたろう》に宛《あ》てては、次《つぎ》のような意味《いみ》の手紙《てがみ》を獄中《ごくちゅう》から出《だ》している。

中谷《なかたに》・高杉《たかすぎ》・久坂《くさか》より静観《せいかん》せよといってきた。とくに高杉《たかすぎ》はもっと思慮《しりょ》ある男《おとこ》と思《おも》っていたが、それくらいのものだったのか。

皆《みな》、濡《ぬ》れ手《て》で粟《あわ》をつかむつもりか。僕《ぼく》はもう、自分《じぶん》の力《ちから》が藩政《はんせい》にまったくおよばないことを知《し》った。

こうなっては、人《ひと》がどれほど立腹《りっぷく》しようが構《かま》うことはないので、これからはいいたいことを存分《ぞんぶん》に申《もう》し立《た》てるつもりだ。桂小五郎《かつらこごろう》にはまえに一文《いちぶん》を送《おく》ったが、返事《へんじ》もよこさない。彼《かれ》は、まえまえから自分《じぶん》は国《くに》のためなら身《み》を投《な》げ出《だ》すのだと豪語《ごうご》していたので、わたしは敬服《けいふく》していたのだ。

桂小五郎《かつらこごろう》よ、国事《こくじ》は傍観《ぼうかん》してすむものではないぞ。わたしは煩悶《はんもん》して、もはやいう言葉《ことば》を持《も》たない。

この手紙《てがみ》は、足下《そっか》（岡部《おかべ》）へ託《たく》し、桂《かつら》に見《み》せてもらおうと思《おも》っていたが、書《か》いているうちにその気《き》がなくなった。読《よ》み終《お》わったら焼《や》きすててください。

門下《もんか》に裏《うら》ぎられた悔《くや》しさに、連日狂《れんじつくる》おしい文面《ぶんめん》をつらねた手紙《てがみ》を、獄中《ごくちゅう》からだれかれなしに書《か》きまくった。

「吾輩《わがはい》、みなに先駆《さきが》けて死《し》んでみせたら、立《た》ちあがる者《もの》も出《で》てくるにちがいない」などとも書《か》いている。

ほとんどの者《もの》は、閉口《へいこう》して遠《とお》ざかっていく。

獄中《ごくちゅう》でわめき散《ち》らしている松陰《しょういん》の絶食《ぜっしょく》はつづき、錯乱状態《さくらんじょうたい》となった。

「このままでは餓死《がし》してしまわれます」

と、牢役人《ろうやくにん》の福川犀之助《ふくかわさいのすけ》は、実家《じっか》の杉家《すぎけ》に連絡《れんらく》した。おどろいて母親《ははおや》のタキが切々《せつせつ》と息子《むすこ》を諫《いさ》める手紙《てがみ》を送《おく》り、ようやくそれをとめさせるという一幕《ひとまく》もあったが、しだいにおちつきをとりもどしてきた。

「このごろ、眠《ねむ》くてしようがない」と、手紙《てがみ》に書《か》くまでにおとなしくなり、静《しず》かな獄中《ごくちゅう》の日々《ひび》が流《なが》れるうちに五月《がつ》をむかえた。

五月十四日の午後《ごご》、松陰《しょういん》はただならぬ報《ほう》に接《せっ》した。兄杉梅太郎《あにすぎうめたろう》が面会《めんかい》にやってきて、江《え》戸召喚《どしょうかん》のことを知《し》らせたのである。このまま数年《すうねん》は野山獄《のやまごく》ですごすことになれば、ゆっくり読書《どくしょ》でもして獄中生活《ごくちゅうせいかつ》を楽《たの》しむのもわるくないなどと、のんきなことを考《かんが》えていた松陰《しょういん》を揺《ゆ》り起《お》こす突然《とつぜん》の命令《めいれい》だった。

幕府《ばくふ》が松陰《しょういん》の江戸《えど》護送《ごそう》を藩邸《はんてい》に通達《つうたつ》してきたのは四月《がつ》十九日《にち》で、直目付《じきめつけ》の長井雅楽《ながいうた》が、ただちに帰国《きこく》の途《と》につき、五月《がつ》十三日《にち》に萩《はぎ》へ帰着《きちゃく》した。翌日《よくじつ》、藩政府《はんせいふ》は兄《あに》の梅太郎《うめたろう》を呼《よ》び出《だ》して、彼《かれ》の口《くち》から松陰《しょういん》に命令《めいれい》を伝《つた》えさせたのである。

そのころ江戸《えど》小伝馬町《こでんまちょう》の牢《ろう》には、志士《しし》たちがつながれており、本格的《ほんかくてき》な取《と》り調《しら》べがはじまって、安政《あんせい》の大獄《たいごく》がにわかに血《ち》を見《み》ようとしていた。

幕政《ばくせい》を批判《ひはん》した大勢《おおぜい》の学者《がくしゃ》が投獄《とうごく》された。密航未遂《みっこうみすい》事件《じけん》で取《と》り調《しら》べられたこともある松《しょう》陰《いん》の名《な》は幕府《ばくふ》に憶《おぼ》えられているうえに、幕府《ばくふ》を批判《ひはん》した論文《ろんぶん》を書《か》いていることが、藩《はん》の内《ない》外《がい》に知《し》れわたっていたから、追及《ついきゅう》の手《て》が松陰《しょういん》にのびてくるのは、ふしぎではなかったのだ。

江戸《えど》藩邸《はんてい》に着《つ》いた松陰《しょういん》に、評定所《ひょうじょうしょ》から呼《よ》び出《だ》しがかかったのは七月九日《がつここのか》だった。間部老中暗殺未遂《まなべろうじゅうあんさつみすい》を自《みずか》ら告白《こくはく》した彼《かれ》は、十月二十七日《がつにち》に死刑《しけい》を宣告《せんこく》され、小伝馬町《こでんまちょう》の牢《ろう》に護送《ごそう》されると、その日《ひ》の午前中《ごぜんちゅう》に首《くび》を斬《き》られた。安政《あんせい》の大獄最後《たいごくさいご》の犠牲者《ぎせいしゃ》である。

そのころ小五郎《こごろう》はふたたび江戸《えど》藩邸《はんてい》での勤務《きんむ》を命《めい》じられて、江戸《えど》にむかう旅《たび》の途中《とちゅう》だったので、松陰《しょういん》処刑《しょけい》のことは、江戸《えど》に着《つ》いてから麻布《あざぶ》の長州藩下屋敷《ちょうしゅうはんしもやしき》で聞《き》いたのだった。江戸《えど》にいた高杉晋作《たかすぎしんさく》は帰国命令《きこくめいれい》をうけ、小五郎《こごろう》といれちがいに萩《はぎ》にむかう旅《たび》の途中《とちゅう》だったので、萩《はぎ》に帰《かえ》ってそのことを知《し》った。

「わが師《し》松陰《しょういん》の首《くび》は、ついに幕府《ばくふ》の手《て》によって斬《き》られてしまいました。長州藩《ちょうしゅうはん》の恥辱《ちじょく》は口《くち》にするのも汗顔《かんがん》の至《いた》りです。わたしどもは師弟《してい》の交《まじ》わりをむすんでいるので、この仇《あだ》を討《う》たずにはおかないつもりです」

晋作《しんさく》は親《した》しくしている藩《はん》の重臣《じゅうしん》周布政之助《すふまさのすけ》に宛《あ》てて、そんな悲憤《ひふん》の手紙《てがみ》を書《か》いた。

それは晋作《しんさく》だけでなく、門下生《もんかせい》のすべてが、松陰《しょういん》の死《し》によって奮《ふる》い立《た》ち、激動《げきどう》の時代《じだい》にむきなおった。

松陰《しょういん》をもてあまし、また松陰《しょういん》を失望《しつぼう》させていた長州藩《ちょうしゅうはん》自体《じたい》、刑死者《けいししゃ》を出《だ》したことへの当惑《とうわく》と同時《どうじ》に、傍観《ぼうかん》の姿勢《しせい》から徐々《じょじょ》に反幕《はんばく》の路線《ろせん》を進《すす》みはじめるのだった。松陰《しょういん》を殉教者《じゅんきょうしゃ》としたことによって、幕府《ばくふ》は墓穴《ぼけつ》を掘《ほ》ったのだ。

翌朝《よくちょう》、尾寺新之丞《おでらしんのじょう》と飯田正伯《いいだしょうはく》が、小五郎《こごろう》を訪《たず》ねてきた。ふたりとも松陰《しょういん》の門下《もんか》である。

「さげ渡《わた》してもらうよう頼《たの》んでみましょう」

彼《かれ》は獄中《ごくちゅう》の松陰《しょういん》に差《さ》し入《い》れをするとき、ずいぶん賄賂《わいろ》も払《はら》ってやったので、牢番《ろうばん》の金六《きんろく》と顔《かお》なじみになっている。役人《やくにん》への賄賂《わいろ》の分配《ぶんぱい》なども金六《きんろく》が手配《てはい》してくれるというので、小五郎《こごろう》は五両《りょう》ばかりを尾寺《おでら》に渡《わた》す。夜《よる》になって、飯田《いいだ》がやってきた。

「あすの昼《ひる》すぎ、回向院《えこういん》で遺体《いたい》をひき渡《わた》してくれるそうです」

回向院《えこういん》は、東京都荒川区南千住《とうきょうとあらかわくみなみせんじゅ》に現存《げんそん》する寺《てら》である。小塚原刑場《こづかっぱらけいじょう》での処刑者《しょけいしゃ》を埋葬《まいそう》するために建立《こんりゅう》された寺院《じいん》で、小伝馬町《こでんまちょう》で処刑《しょけい》された者《もの》の遺体《いたい》もここにはこばれてくる。打《う》ち合《あ》わせどおり小五郎《こごろう》が伊藤利輔《いとうりすけ》（のち俊輔《しゅんすけ》・博文《ひろぶみ》）とつれだって回向院《えこういん》に行《い》くと、飯田《いいだ》が大《おお》きい甕《かめ》と墓標《ぼひょう》にする自然石《しぜんいし》を積《つ》んだ荷車《にぐるま》をひいてきた。

まもなく役人《やくにん》があらわれ、境内《けいだい》の西北《せいほく》の一隅《いちぐう》にある藁小屋《わらごや》に四人《よにん》を案内《あんない》した。粗末《そまつ》な棺桶《かんおけ》がひとつ据《す》えてあった。

「吉田氏《よしだし》の死体《したい》です」

役人《やくにん》が指《ゆび》さすと、尾寺《おでら》が走《はし》りよって桶《おけ》の蓋《ふた》をとった。首《くび》と胴《どう》の離《はな》れた人間《にんげん》の屍《しかばね》が、無造作《むぞう さ》に投《な》げこまれている。全裸《ぜんら》にされていた。衣服《いふく》は、刑場《けいじょう》で死人《しにん》をあつかう「小屋者《こやもの》」たちの手《て》ではぎとられるのが習慣《しゅうかん》である。彼《かれ》らはそれを売《う》りはらって酒代《さかだい》にする。

どす黒《ぐろ》く血《ち》に汚《よご》れた首《くび》は、まさしく松陰《しょういん》だった。

「先生《せんせい》！」

尾寺《おでら》が、泣《な》き声《ごえ》で首《くび》をとり出《だ》し、乱《みだ》れた髪《かみ》をたばねた。小五郎《こごろう》は汲《く》んできた水《みず》をそそぎ、松陰《しょういん》の顔《かお》やからだを丁重《ていちょう》にぬぐい清《きよ》めた。伊藤《いとう》が、杓《しゃく》の柄《え》を折《お》り、それを芯《しん》にして首《くび》と胴《どう》をつなごうとすると、

「重罪人《じゅうざいにん》の死体《したい》は、後日検視《ごじつけんし》があるかもしれぬ。首《くび》をつないだことがわかると、拙者《せっしゃ》らが咎《とが》められるのだ。そのままにしておいてくれぬか」

役人《やくにん》は申《もう》し訳《わけ》なさそうにいい、四人《よにん》が頷《うなず》くのをたしかめてから、足音《あしおと》をしのばせるように立《た》ち去《さ》った。

「かまわぬ、首《くび》はつないだままでよい」

小五郎《こごろう》はいいながら襦袢《じゅばん》を、飯田《いいだ》は下着《したぎ》を脱《ぬ》いで松陰《しょういん》に着《き》せ、伊藤《いとう》は帯《おび》をといてそれをむすんだ。

「おれの着物《きもの》は汚《よご》れて臭《くさ》い。先生《せんせい》が迷惑《めいわく》されるから、やめておく」

といいい、尾寺《おでら》はうなだれて小五郎《こごろう》たちがはたらくのを見《み》ている。衣類《いるい》にくるまれた松陰《しょういん》の遺体《いたい》を小五郎《こごろう》が泣《な》きながら抱《かか》えあげ、甕《かめ》のなかにおさめた。

井伊直弼《いいなおすけ》暗殺《あんさつ》さる

大老《たいろう》井伊直弼《いいなおすけ》による血《ち》の粛清《しゅくせい》に連座《れんざ》して処罰《しょばつ》された者《もの》は、死罪《しざい》・切腹《せっぷく》・隠居《いんきょ》・慎《つつしみ》など、大名《だいみょう》やその家臣《かしん》、学者《がくしゃ》・志士《しし》もふくめて七十五人《にん》におよんだ。そのおもな人々《ひとびと》は次《つぎ》のとおりである。

徳川斉昭《とくがわなりあき》（前水戸藩主《ぜんみとはんしゅ》）　水戸《みと》において永蟄居《えいちっきょ》
徳川慶篤《とくがわよしあつ》（水戸藩主《みとはんしゅ》）　差控《さしひかえ》
一橋　慶喜《ひとつばしよしのぶ》（一橋家主《ひとつばしけぬし》）　隠居《いんきょ》・慎《つつしみ》
徳川慶勝《とくがわよしかつ》（尾張藩主《おわりはんしゅ》）　隠居《いんきょ》・慎《つつしみ》
松平　春嶽《まつだいらしゅんがく》（越前藩主《えちぜんはんしゅ》）　隠居《いんきょ》・慎《つつしみ》
山内豊信《やまうちとよしげ》（土佐藩主《とさはんしゅ》）　慎《つつしみ》
安島帯刀《あじまたてわき》（水戸藩家老《みとはんかろう》）　切腹《せっぷく》

茅根《ちのね》伊予之介《いよのすけ》（水戸《みと》藩士《はんし》）死罪《しざい》
鵜飼吉左衛門《うかいきちざえもん》（水戸《みと》藩士《はんし》）死罪《しざい》
鵜飼幸吉《うかいこうきち》（水戸《みと》藩士《はんし》）獄門《ごくもん》
鮎沢伊太夫《あゆざわいだゆう》（水戸《みと》藩士《はんし》）遠島《えんとう》
橋本左内《はしもとさない》（越前藩士《えちぜんはんし》）死罪《しざい》
頼三樹三郎《らいみきさぶろう》（頼山陽《らいさんよう》の子《こ》）死罪《しざい》
飯泉喜内《いいずみきない》（幕臣《ばくしん》）死罪《しざい》
吉田松陰《よしだしょういん》（長州藩士《ちょうしゅうはんし》）死罪《しざい》

このほか梁川星巌《やながわせいがん》（漢詩人《かんしじん》・尊王論者《そんのうろんしゃ》）は捕《と》らえられる直前《ちょくぜん》に病死《びょうし》、梅田雲浜《うめだうんぴん》（若狭小《わかさお》浜藩士《ばまはんし》）・日下部伊左治《くさかべいさじ》（はじめ水戸藩士《みとはんし》・薩摩藩士《さつまはんし》）は獄死《ごくし》した。

前藩主《ぜんはんしゅ》・藩主《はんしゅ》の処罰《しょばつ》、そして多《おお》くの藩士《はんし》を処刑《しょけい》された水戸藩士《みとはんし》たちの憤激《ふんげき》は、頂点《ちょうてん》に達《たっ》した。

井伊大老《いいたいろう》の暗殺計画《あんさつけいかく》は、安政《あんせい》六年《ねん》八月《がつ》ごろから水戸《みと》と薩摩《さつま》の尊攘派《そんじょうは》のあいだで計画《けいかく》されていたが、彼《かれ》らが藩《はん》に迷惑《めいわく》をかけないために脱藩浪士《だっぱんろうし》となってそれを決行《けっこう》したのは翌万延《よくまんえん》元《がん》(一八六〇)年《ねん》三月三日《がつみっか》である。

春《はる》にはめずらしい大雪《おおゆき》の朝《あさ》だった。午前《ごぜん》九時《じ》ごろ直弼《なおすけ》は六十余人《よにん》の供《とも》に守《まも》られて外桜田《そとさくらだ》の彦根藩江戸上屋敷《ひこねはんえどかみやしき》を出発《しゅっぱつ》した。水戸浪士《みとろうし》関鉄之介《せきてつのすけ》をはじめとする十八人《にん》は、直弼《なおすけ》の駕籠《かご》が上杉邸《うえすぎてい》にさしかかったとき、物陰《ものかげ》から飛《と》び出《だ》して行列《ぎょうれつ》を襲《おそ》い、激闘《げきとう》のすえついに直弼《なおすけ》の首《くび》を打《う》った。

彦根藩側《ひこねはんがわ》の死者《ししゃ》は四人《よにん》、負傷者《ふしょうしゃ》四人《よにん》、浪士側《ろうしがわ》の即死者《そくししゃ》は一人《ひとり》、重傷《じゅうしょう》を負《お》ってひきあげる途中《とちゅう》に自決《じけつ》したのは、薩摩《さつま》からただ一人《ひとり》参加《さんか》した有村次左衛門《ありむらじざえもん》である。

長州藩《ちょうしゅうはん》では吉田松陰《よしだしょういん》だけが大獄最後《たいごくさいご》の犠牲者《ぎせいしゃ》となったが、ここでは衝撃《しょうげき》をうけたものの、まだ藩全体《はんぜんたい》の怒《いか》りが燃《も》えあがるということはなかった。むしろ幕府《ばくふ》を敵《てき》にまわす罪人《ざいにん》を出《だ》したことで困惑《こんわく》するくらいのことである。

しかし松下村塾《しょうかそんじゅく》で学《まな》んだ松陰《しょういん》の門下生《もんかせい》高杉晋作《たかすぎしんさく》・久坂玄瑞《くさかげんずい》らは「師《し》の仇《あだ》を討《う》つ」とひそかに奮起《ふんき》した。その〝松下村塾《しょうかそんじゅく》グループ〟をまとめ、指導《しどう》したのが桂小五郎《かつらこごろう》だった。それはやがて倒幕勢力《とうばくせいりょく》の中核《ちゅうかく》として、長州《ちょうしゅう》の藩論《はんろん》をみちびく大《おお》きな役割《やくわり》を果《は》たすのである。

水長密約《すいちょうみつやく》

長州藩《ちょうしゅうはん》の軍艦丙辰丸《ぐんかんへいしんまる》が、江戸《えど》品川沖《しながわおき》に着《つ》いたのは、井伊直弼《いいなおすけ》が暗殺《あんさつ》されて約《やく》三カ月後《げつご》の万延元年《まんえんがんねん》六月《がつ》の下旬《げじゅん》だった。

小五郎《こごろう》にとっては懐《なつ》かしい船《ふね》である。その建造《けんぞう》にあたって小五郎《こごろう》は洋船《ようせん》にくわしい船大《ふなだい》工《く》の棟梁《とうりょう》・高橋伝蔵《たかはしでんぞう》を伊豆《いず》から長州《ちょうしゅう》に招《まね》くなどの役目《やくめ》を果《は》たした。いわば生《う》みの親《おや》といってもよい。

しかしそれは軍艦《ぐんかん》といっても、小《ちい》さな（いまでいえば、百《ひゃく》トン程度《ていど》）木造《もくぞう》のスクーナー(帆走船《はんそうせん》)でしかない。長州藩《ちょうしゅうはん》はそのあとでおなじような第《だい》二船《せん》を建造《けんぞう》しているが、小五郎《こごろう》はすでに日本人《にほんじん》の手《て》で軍艦《ぐんかん》をつくることに反対《はんたい》の立場《たちば》をとっていた。

欧米《おうべい》では、鉄《てつ》でつくった船体《せんたい》をスクリューで走《はし》らせる蒸気船《じょうきせん》を使《つか》っている。そんな外国《がいこく》に対抗《たいこう》するのには、大金《たいきん》をかけて幼稚《ようち》な船《ふね》をつくるよりも外国《がいこく》から蒸気船《じょうきせん》を買《か》うべきだという意見《いけん》である。

自分《じぶん》の手《て》で蒸気船《じょうきせん》を建造《けんぞう》できるまでの技術《ぎじゅつ》を身《み》につけることは大事《だいじ》だが、いまはその時《とき》を待《ま》つ時間《じかん》がないのだ。小五郎《こごろう》の意見《いけん》がとおって、以後《いご》、長州藩《ちょうしゅうはん》はイギリスやオランダから蒸気船《じょうきせん》を買《か》い、それを軍艦《ぐんかん》として海軍《かいぐん》を編成《へんせい》した。

江戸《えど》に丙辰丸《へいしんまる》が着《つ》いたころの長州海軍《ちょうしゅうかいぐん》は、まだ木造帆走船《もくぞうはんそうせん》を三隻《せきも》持っているだけだった。

入港二日目《にゅうこうふつかめ》のその日《ひ》、藩邸《はんてい》の役人《やくにん》として丙辰丸《へいしんまる》を迎《むか》えに出《で》た小五郎《こごろう》が、品川沖《しながわおき》に浮《う》かぶ小《ちい》さな船《ふね》をながめながら、「これではいけない」と、あらためて考《かんが》えていると、和船《わせん》のボートが岸壁《がんぺき》に近《ちか》づいてきた。

乗《の》っていたのは丙辰丸艦長《へいしんまるかんちょう》の松島剛蔵《まつしまごうぞう》である。

「桂《かつら》さん、ひとり会《あ》ってもらいたい人物《じんぶつ》がいるんですが」

上陸《じょうりく》した松島剛蔵《まつしまごうぞう》は、いきなり小声《こごえ》で小五郎《こごろう》に話《はな》しかけてきた。

「水戸藩《みとはん》の西丸帯刀《さいまるたてわき》という男《おとこ》、きのう会《あ》って話《はな》しましたが、なかなかおもしろい。むこうも桂《かつら》さんに会《あ》いたいというちょりますＩ」

「水戸《みと》の西丸帯刀《さいまるたてわき》、その名《な》は聞《き》いたことがある」

「なにか、たくらんどるようです」

井伊大老《いいたいろう》を暗殺《あんさつ》したあと、さらに水戸藩《みとはん》の者《もの》が過激《かげき》な行動《こうどう》に出《で》ようとしているのかもしれない。

「とにかく会《あ》うだけなら」と、小五郎《こごろう》は承知《しょうち》した。秘密《ひみつ》の会合《かいごう》だから、会《あ》う場所《ばしょ》は丙辰丸《へいしんまる》の船室《せんしつ》にした。

約束《やくそく》した日《ひ》の夜《よる》、西丸帯刀《さいまるたてわき》は三人《にん》の水戸藩士《みとはんし》をつれて丙辰丸《へいしんまる》にやってきた。長州側《ちょうしゅうがわ》は小《こ》五郎《ごろう》と松島剛蔵《まつしまごうぞう》が出席《しゅっせき》した。

「われらの志《こころざし》は、破約攘夷《はやくじょうい》です」

西丸《さいまる》がいきなり口《くち》をひらいた。破約攘夷《はやくじょうい》とは、幕府《ばくふ》が外国《がいこく》とむすんだ条約《じょうやく》は朝廷《ちょうてい》の許可《きょか》が出《で》ていないので、これを破棄《はき》して、外国人《がいこくじん》を日本《にほん》から追《お》い出《だ》すという意味《いみ》だ。

「そのためには幕政《ばくせい》を改革《かいかく》しなければならぬ」

水戸藩《みとはん》の者《もの》が、外国人《がいこくじん》を殺傷《さっしょう》したりすれば、幕府《ばくふ》は外国《がいこく》からの抗議《こうぎ》をうけ、莫大《ばくだい》な補償《ほしょう》金《きん》を要求《ようきゅう》されて困惑《こんわく》するだろう。長州藩《ちょうしゅうはん》はその幕府《ばくふ》の混乱《こんらん》に乗《じょう》じ、朝廷《ちょうてい》にも政治《せいじ》工作《こうさく》して、幕政改革《ばくせいかいかく》を進《すす》めようというのだった。これを西丸帯刀《さいまるたてわき》は「成破両用《せいはりょうよう》の道《みち》」という。

「破《は》」とは破壊活動《はかいかつどう》、「成《せい》」とは、裏面《りめん》から収拾《しゅうしゅう》の道《みち》をさぐり、目的《もくてき》を遂《と》げる。長州藩《ちょうしゅうはん》が「成《せい》」をうけもつなら、水戸藩《みとはん》は「破《は》」を実行《じっこう》するというのだった。

小五郎《こごろう》は内心《ないしん》「そんなに事《こと》がうまくはこぶものだろうか」と思《おも》ったが、直接行動《ちょくせつこうどう》をひきうけるのでないから、ひとまず「承知《しょうち》した」と返事《へんじ》をしておいた。

尊王攘夷《そんのうじょうい》の思想《しそう》からは、長州藩《ちょうしゅうはん》と水戸藩《みとはん》はおなじ立場《たちば》をとっているが、倒幕《とうばく》ということになると、かなりちがう。水戸藩《みとはん》は徳川御三家《とくがわごさんけ》のひとつだから、尊王攘夷《そんのうじょうい》を叫《さけ》んでも幕府《ばくふ》をつぶすまではゆきつかない。

丙辰丸《へいしんまる》での「水長密約《すいちょうみつやく》」によって、水戸浪士《みとろうし》は外人殺傷《がいじんさっしょう》などの過激《かげき》な行動《こうどう》を繰《く》り返《かえ》した。それは自己満足《じこまんぞく》のむなしい行為《こうい》でしかなく、「水長密約《すいちょうみつやく》」でこれといった成果《せいか》があがったわけではないが、小五郎《こごろう》にとっては、刀《かたな》を抜《ぬ》かない高等戦術《こうとうせんじゅつ》ともいうべき最初《さいしょ》の政治活動《せいじかつどう》となった。

航海遠略策《こうかいえんりゃくさく》を粉砕《ふんさい》せよ

文久《ぶんきゅう》元《がん》（一八六一）年《ねん》にはいってから、当時《とうじ》直目付《じきめつけ》だった長井雅楽《ながいうた》が『航海遠略策《こうかいえんりゃくさく》』なるものを、藩主《はんしゅ》に建言《けんげん》した。慶親《よしちか》は妙案《みょうあん》としてこれを藩論《はんろん》にかかげ、中央《ちゅうおう》にのり出《だ》して、政《せい》局《きょく》を収拾《しゅうしゅう》しようと腰《こし》をあげたのだった。

『航海遠略策《こうかいえんりゃくさく》』とは、朝廷《ちょうてい》と幕府《ばくふ》はよろしく手《て》をむすび、国論《こくろん》を統一《とういつ》して、外圧《がいあつ》に立《た》ちむかうべきだという「正論《せいろん》」ではあったが、そのころ窮余《きゅうよ》の一策《いっさく》として幕府《ばくふ》が打《う》ち出《だ》していた公武合体論《こうぶがったいろん》をてこ入《い》れするような内容《ないよう》だ。

長州藩《ちょうしゅうはん》の『航海遠略策《こうかいえんりゃくさく》』が、朝廷《ちょうてい》からも幕府《ばくふ》からも歓迎《かんげい》されたことにより、おそまきながら長州藩《ちょうしゅうはん》はこれを足《あし》がかりとして、中央進出《ちゅうおうしんしゅつ》の端緒《たんしょ》を得《え》た。

長州藩《ちょうしゅうはん》が躍《おど》り出《だ》してきたことに神経《しんけい》をとがらせたのは薩摩《さつま》である。薩摩《さつま》はもともと島津《しまづ》斉彬《なりあきら》の時代《じだい》から中央進出《ちゅうおうしんしゅつ》をねらい、将軍継嗣問題《しょうぐんけいしもんだい》に首《くび》を突《つ》っこんでいる。これは挫折《ざせつ》したが、斉彬《なりあきら》の死後《しご》、国父《こくふ》として藩《はん》の実権《じっけん》を握《にぎ》った久光《ひさみつ》も中央《ちゅうおう》への野心《やしん》を噴出《ふんしゅつ》させていた。

薩長両藩《さっちょうりょうはん》とも二世紀半《せいきはん》にわたって、辺境《へんきょう》に閉《と》じこめられていた外様大名《とざまだいみょう》である。そしていずれも財政改革《ざいせいかいかく》に成功《せいこう》し、ふくれあがった力《ちから》をもてあましている西南雄藩《せいなんゆうはん》なのだった。スタートは薩摩《さつま》が先《さき》にきったが、それを追《お》う長州藩《ちょうしゅうはん》の『航海遠略策《こうかいえんりゃくさく》』が朝廷《ちょうてい》・幕府《ばくふ》双方《そうほう》から迎《むか》えられたと知《し》って、主導権《しゅどうけん》を奪《うば》われることを薩摩《さつま》は恐《おそ》れた。薩長両藩《さっちょうりょうはん》のライバル関《かん》係《けい》が浮《う》かびあがるのである。

　しかし、このころ長州藩内《ちょうしゅうはんない》の桂小五郎《かつらこごろう》をはじめ、「松下村塾党《しょうかそんじゅくとう》」と呼《よ》ばれた松陰門下《しょういんもんか》を中《ちゅう》心《しん》とする急進派《きゅうしんは》が、事実上《じじつじょう》、公武合体論《こうぶがったいろん》を推進《すいしん》する『航海遠略策《こうかいえんりゃくさく》』に反対《はんたい》の声《こえ》をあげた。尊王派《そんのうは》といわれている重臣《じゅうしん》の周布政之助《すふまさのすけ》までが、『航海遠略策《こうかいえんりゃくさく》』に賛同《さんどう》しているという。

「長井雅楽《ながいうた》、斬《き》るべし！」

　松下村塾党《しょうかそんじゅくとう》のなかでも過激派《かげきは》で知《し》られる久坂玄瑞《くさかげんずい》らは、長井《ながい》が上京《じょうきょう》する途中《とちゅう》を待《ま》ち伏《ぶ》せて暗殺《あんさつ》しようとうごきだした。玄瑞《げんずい》の盟友高杉晋作《めいゆうたかすぎしんさく》も不穏《ふおん》なそぶりを見《み》せているという。

「いま、暴発《ぼうはつ》してはまずい」

　小五郎《こごろう》は松下村塾党《しょうかそんじゅくとう》に自重《じちょう》を呼《よ》びかけた。まず高杉晋作《たかすぎしんさく》には、清国《しんこく》の上海《シャンハイ》にわたる幕府《ばくふ》の使節船《しせつせん》が各藩《かくはん》からも希望者《きぼうしゃ》は乗《の》せるといっているので、それに参加《さんか》するように藩命《はんめい》を出《だ》してもらった。

「上海《シャンハイ》には、欧米《おうべい》の軍隊《ぐんたい》が駐留《ちゅうりゅう》しているという。見《み》とどけるには絶好《ぜっこう》の機会《きかい》ではないか。わたしが行《い》きたいくらいだ」

「そうですね、では、行《い》ってきます」

晋作《しんさく》はよろこんで出発《しゅっぱつ》した。彼《かれ》は半植民地化《はんしょくみんちか》した上海《シャンハイ》のようすを見《み》て、強《つよ》い衝撃《しょうげき》をうけ、対外危機感《たいがいききかん》を抱《いだ》いて帰国《きこく》した。どことなく方向《ほうこう》の決《き》まらなかった晋作《しんさく》が、志士《しし》としての活動《かつどう》を開始《かいし》するときである。

晋作《しんさく》は海外《かいがい》に送《おく》りだしたが、もうひとりあばれ者《もの》がのこっている。久坂玄瑞《くさかげんずい》には、

「久坂君《くさかくん》、もうしばらく行動《こうどう》は慎《つつし》め。わたしに工夫《くふう》がある」

と、なだめておいて、江戸《えど》藩邸《はんてい》に出《で》てきた周布《すふ》政之助《まさのすけ》に話《はな》しかけた。

「長井《ながい》さんの『航海遠略策《こうかいえんりゃくさく》』をいかがお考《かんが》えですか」

「政局《せいきょく》をしずめるための妙案《みょうあん》だと、慶親公《よしちかこう》も、これを藩論《はんろん》とすることに賛成《さんせい》しておられるぞ」

「周布《すふ》さん、それはまちがっていますよ」

小五郎《こごろう》は、ものやらかな口調《くちょう》で政之助《まさのすけ》にいった。

「公武合体《こうぶがったい》とは、いったいなんでありますか。公《こう》（朝廷《ちょうてい》）と武《ぶ》（幕府《ばくふ》）が仲《なか》よくしようと

いうことでしょうが、そうすれば尊王攘夷論《そんのうじょういろん》をとなえて幕府《ばくふ》に反抗《はんこう》する人々《ひとびと》もおとなしくなる。幕府寄《ばくふよ》りの人《ひと》がいい出《だ》した公武合体論《こうぶがったいろん》は、幕府《ばくふ》に都合《つごう》のよい、まやかしの理論《りろん》でしかありません。幕府《ばくふ》におもねる長井雅楽《ながいうた》のような茶坊主《ちゃぼうず》の言葉《ことば》で、藩《はん》の道《みち》をあやまらせてはなりません」

おだやかではあるが、飾《かざ》らずにズバリと真《しん》を突《つ》くところは、たしかに神道無念流《しんとうむねんりゅう》の達人《たつじん》にふさわしい論法《ろんぽう》だ。話《はな》し合《あ》っているうちに、周布政之助《すふまさのすけ》はなるほどと頷《うなず》きはじめた。

「これは殿様《とのさま》にも申《もう》しあげねばなるまい」

まもなく長州藩《ちょうしゅうはん》は『航海遠略策《こうかいえんりゃくさく》』を廃案《はいあん》にして、これを藩主《はんしゅ》にすすめた長井雅楽《ながいうた》は責任《せきにん》をとらされて切腹《せっぷく》した。小五郎《こごろう》は反幕派《はんばくは》の公家《くげ》に画策《かくさく》して、朝廷《ちょうてい》でも『航海遠略策《こうかいえんりゃくさく》』をとりあげないようにした。ここで長州藩《ちょうしゅうはん》の方向《ほうこう》は大《おお》きくかわり、幕府《ばくふ》に対抗《たいこう》する朝廷勢力《ちょうていせいりょく》の主翼《しゅよく》となって、尊王攘夷《そんのうじょうい》の旗《はた》を高々《たかだか》と藩論《はんろん》にかかげたのである。

暴走《ぼうそう》する長州藩《ちょうしゅうはん》

大老井伊《たいろうい い》直弼《なおすけ》が暗殺《あんさつ》された万延元《まんえんがん》(一八六〇)年《ねん》三月以後《がついご》、国内情勢《こくないじょうせい》は急変《きゅうへん》した。弾圧《だんあつ》をうけて萎縮《いしゅく》したかに見《み》えた尊攘派《そんじょうは》(尊王攘夷派《そんのうじょういは》)の反動《はんどう》がにわかに噴出《ふんしゅつ》し、報復《ほうふく》としての暗《あん》殺《さつ》が横行《おうこう》するなど、ほとんど手《て》がつけられない状態《じょうたい》となる。

大獄犠牲者《たいごくぎせいしゃ》の復権《ふっけん》もおこなわれ、志士《しし》たちが大《おお》いばりで活動《かつどう》する時代《じだい》を現出《げんしゅつ》した。それは幕府《ばくふ》の権威《けんい》が薄《うす》れつつあることをも意味《いみ》している。

いっときは公武合体《こうぶがったい》にかたむいた長州藩《ちょうしゅうはん》も、小五郎《こごろう》の運動《うんどう》によって、藩論《はんろん》は尊王攘夷一《そんのうじょういいっ》色《しょく》にぬりかわり、朝廷勢力《ちょうていせいりょく》の主流《しゅりゅう》をしめた。

開港《かいこう》による物価高騰《ぶっかこうとう》が幕政批判《ばくせいひはん》を呼《よ》び、横浜港《よこはまこう》を閉鎖《へいさ》せよという声《こえ》があがるほどになり、幕府《ばくふ》を困惑《こんわく》させた。

即今攘夷《そっこんじょうい》(ただちに攘夷《じょうい》を実行《じっこう》)は、声高《こわだか》の世論《よろん》となって弱気《よわき》の幕府《ばくふ》をつきあげ、朝廷《ちょうてい》から攘夷《じょうい》の実行《じっこう》を迫《せま》られた幕府《ばくふ》が、ためらいながらそれに応《おう》ずる姿勢《しせい》をとらざるを得《え》なくなった文久《ぶんきゅう》三（一八六三）年《ねん》四月《がつ》を起点《きてん》として、国内《こくない》の政情《せいじょう》はにわかに緊迫《きんぱく》した。

四月二十日《がつはつか》。将軍後見職《しょうぐんこうけんしょく》の一橋慶喜《ひとつばしよしのぶ》が将軍家茂《しょうぐんいえもち》の名代《みょうだい》として参内《さんだい》、五月十日《がつとおか》を攘夷期日《じょういきじつ》とすることをしぶしぶ奏上《そうじょう》した。ただちに朝廷《ちょうてい》から攘夷《じょうい》の詔勅《しょうちょく》が発《はっ》せられ、幕府《ばくふ》もそのことを諸侯《しょこう》に布告《ふこく》した。

その日《ひ》、文久《ぶんきゅう》三年《ねん》五月十日《がつとおか》、長州藩《ちょうしゅうはん》が関門海峡《かんもんかいきょう》を通航《つうこう》しようとするイギリス商船《しょうせん》に攘《じょう》夷《い》の第《だい》一弾《だん》を撃《う》ちはなしたことから幕末《ばくまつ》の動乱《どうらん》ははじまった。これから翌年《よくねん》八月《がつ》にかけてのいわゆる攘夷戦《じょういせん》は長州藩《ちょうしゅうはん》と諸外国《しょがいこく》との紛争《ふんそう》だが、やがて長州《ちょうしゅう》と幕府《ばくふ》との対決《たいけつ》に発展《はってん》する。

わが国《くに》における近代軍事組織《きんだいぐんじそしき》の原型《げんけい》となる奇兵隊《きへいたい》は、外国軍迎撃《がいこくぐんげいげき》の必要《ひつよう》から創設《そうせつ》され、やがて幕府《ばくふ》に対《たい》する戦《たたか》いの第一線《だいいっせん》に立《た》った最強《さいきょう》の民兵《みんぺい》として、維新史《いしんし》に名《な》をとどめるのである。

奇兵隊《きへいたい》が使用《しよう》する兵器《へいき》は旧式《きゅうしき》の貧弱《ひんじゃく》なものでしかなく、外国軍《がいこくぐん》には惨敗《ざんぱい》してようやく深刻《しんこく》な危機感《ききかん》が高《たか》まってきた。暴走《ぼうそう》としかいえない長州藩《ちょうしゅうはん》の攘夷行動《じょういこうどう》が挫折《ざせつ》したことは、政局《せいきょく》の主導権《しゅどうけん》を握《にぎ》っていた尊攘派《そんじょうは》の旗色《はたいろ》をしだいにわるくしていく。

しかし、いったん頂点《ちょうてん》に達《たっ》していた尊攘運動《そんじょううんどう》の勢《いきお》いは、攘夷戦《じょういせん》の敗報《はいほう》がつづくなかでも、なお衰《おとろ》えを見《み》せなかった。

もともと尊攘運動《そんじょううんどう》は排外《はいがい》（外国排斥《がいこくはいせき》）主義《しゅぎ》のほかに反幕思想《はんばくしそう》ともむすびついており、最《さい》終的《しゅうてき》には倒幕《とうばく》の目的《もくてき》を遂《と》げようとするものだ。攘夷行動《じょういこうどう》を倒幕《とうばく》に発展《はってん》させようとする尊攘《そんじょう》派《は》の陰謀《いんぼう》はひそかに進《すす》められていたのである。

攘夷親征《じょういしんせい》を名目《めいもく》とした倒幕《とうばく》の陰謀《いんぼう》が着々《ちゃくちゃく》と進《すす》む一方《いっぽう》では、これを阻止《そし》しようとする密謀《みつぼう》も大《おお》いそぎで張《は》りめぐらされ、宮廷《きゅうてい》を舞台《ぶたい》に一進一退《いっしんいったい》の暗闘《あんとう》が展開《てんかい》されることになった。

反対意見《はんたいいけん》をしりぞけ、長州藩《ちょうしゅうはん》が建議《けんぎ》した天皇《てんのう》の大和行幸《やまとぎょうこう》の詔勅《しょうちょく》がくだる。長州藩《ちょうしゅうはん》の建議《けんぎ》となっているが、小五郎《こごろう》ら尊攘派《そんじょうは》の志士《しし》が中心《ちゅうしん》となって進《すす》められた計画《けいかく》だ。攘夷親征《じょういしんせい》とは、天皇《てんのう》が大和《やまと》に行幸《ぎょうこう》して神武天皇陵《じんむてんのうりょう》、春日神社《かすがじんじゃ》に参拝《さんぱい》、攘夷《じょうい》を祈願《きがん》し、戦《たたか》いを直接指揮《ちょくせつしき》するという儀式《ぎしき》をとりおこなう。それを天皇《てんのう》による倒幕《とうばく》の大号令《だいごうれい》にもっていこうという陰謀《いんぼう》である。

朝廷《ちょうてい》は首謀者《しゅぼうしゃ》の桂小五郎《かつらこごろう》・久坂玄瑞《くさかげんずい》・真木和泉《まきいずみ》・平野国臣《ひらのくにおみ》らに、学習院出仕《がくしゅういんしゅつし》を命《めい》じて、大和行幸《やまとぎょうこう》の具体的《ぐたいてき》な計画《けいかく》を立《た》てるようにいいつけた。また長州《ちょうしゅう》・薩摩《さつま》など六藩《ぱん》には行幸親《ぎょうこうしん》征《せい》の軍費《ぐんぴ》として十万両《まんりょう》の献納《けんのう》を命《めい》じた。

行幸《ぎょうこう》は、八月《がつ》二十七日《にち》に京都《きょうと》を出発《しゅっぱつ》することになり、関白以下《かんぱくいか》の列順《れつじゅん》も決《けっ》し、長州《ちょうしゅう》・因《いな》幡《ば》・備前《びぜん》・徳島《とくしま》・米沢《よねざわ》・久留米《くるめ》・肥後《ひご》・土佐《とさ》・津和野《つわの》・広島《ひろしま》など十余藩主《よはんしゅ》に供《とも》を命《めい》じた。いよいよ二十七日《にち》の行幸《ぎょうこう》出発《しゅっぱつ》を待《ま》つばかりである。攘夷親征《じょういしんせい》はようやく実現《じつげん》にむけて大《おお》きく一歩《いっぽ》を踏《ふ》み出《だ》したかにみえた。

そのうごきを幕府側《ばくふがわ》が黙《だま》って見《み》ているはずはなかった。宮廷内《きゅうていない》の反長州《はんちょうしゅう》の公家《くげ》や会津《あいづ》・薩摩《さつま》が結束《けっそく》して、攘夷親征計画《じょういしんせいけいかく》を打《う》ち砕《くだ》く陰謀《いんぼう》が進《すす》み、八月《がつ》十七日夜《にちよる》、京都守護職《きょうとしゅごしょく》の松平《まつだいら》容保《かたもり》（会津藩主《あいづはんしゅ》）は、兵《へい》をひきいて参内《さんだい》、薩摩兵《さつまへい》の到着《とうちゃく》を待《ま》って御所《ごしょ》の九《ここの》つの門《もん》はすべて閉《と》ざされ、会津兵《あいづへい》と薩摩兵《さつまへい》、京都所司代《きょうとしょしだい》の兵《へい》がそれらを守《まも》ることになった。長州藩《ちょうしゅうはん》の京都《きょうと》藩邸《はんてい》は、この策動《さくどう》を知《し》らず眠《ねむ》っていたのである。

八月《がつ》十八日午《にちご》前《ぜん》四時《じ》、一発《いっぱつ》の轟音《ごうおん》がまだ明《あ》けやらぬ皇居《こうきょ》の空《そら》にひびきわたった。兵《へい》の集《しゅう》結《けつ》が終《お》わり、すべての準備《じゅんび》がととのったことを知《し》らせる空砲《くうほう》である。

そのころになって堺町門警衛《さかいまちもんけいえい》の長州藩兵《ちょうしゅうはんぺい》がやってきた。藩士《はんし》飯田竹次郎《いいだたけじろう》らが、門《もん》をはいろうとすると、

「勅諚《ちょくじょう》（天皇《てんのう》からの通達《つうたつ》）により入衛《にゅうえい》を許《ゆる》さず」

と、薩摩兵《さつまへい》が大声《おおごえ》を発《はっ》し、銃《じゅう》を構《かま》えて立《た》ちはだかった。長州藩側《ちょうしゅうはんがわ》はこのときになり、はじ

めて尊攘派《そんじょうは》がしめ出《だ》されたことを知《し》るのである。

十八日《にち》の夕刻《ゆうこく》、桂小五郎《かつらこごろう》ら長州藩士《ちょうしゅうはんし》、真木和泉《まきいずみ》・土方楠左衛門《ひじかたくすざえもん》・宮部鼎蔵《みやべていぞう》らは、このまま憤激《ふんげき》の衆《しゅう》をあつめていては、皇居《こうきょ》を戦火《せんか》にまきこむことになりかねない。ひとまず大仏《だいぶつ》にしりぞき、おもむろに進退《しんたい》を考《かんが》えようという相談《そうだん》をまとめた。

薩摩《さつま》の陣《じん》には使者《ししゃ》を立《た》て、

「われわれはこれから大仏《だいぶつ》にしりぞくことにしたが、貴藩《きはん》がいまのように砲口《ほうこう》をむけているかぎり、武門《ぶもん》の習《なら》いとしてしりぞくわけにいかない。両者《りょうしゃ》たがいに引退《いんたい》することを望《のぞ》むが、いかに」

と告《つ》げた。

薩摩側《さつまがわ》も承知《しょうち》して砲口《ほうこう》を別《べつ》の方向《ほうこう》にむけたので、長州藩《ちょうしゅうはん》は撤収《てっしゅう》した。

その日《ひ》の夕暮《ゆうぐ》れどき、二千六百《せんぴゃく》人《にん》の長州藩兵《ちょうしゅうはんぺい》、そのほか十津川郷士《とつかわごうし》ら義勇軍《ぎゆうぐん》は、隊列《たいれつ》をととのえて大仏《だいぶつ》へむかい、妙法院《みょうほういん》を本陣《ほんじん》として、幕軍《ばくぐん》の来襲《らいしゅう》にそなえた。

雨《あめ》が降《ふ》り出《だ》し、冷気《れいき》がしのびよってきた。境内《けいだい》に篝火《かがりび》をたき、白粥《しらがゆ》をすすり、酒《さけ》を飲《の》んで暖《だん》をとる。何事《なにごと》もなく夜《よ》がふけた。深夜《しんや》になって会議《かいぎ》をひらき去就《きょしゅう》を決《き》めようとしたが議論百出《ぎろんひゃくしゅつ》、激論《げきろん》の末《すえ》ついにひとまず長州《ちょうしゅう》に帰《かえ》ることになった。

このとき十人《にん》の尊攘派公卿《そんじょうはくぎょう》が参加《さんか》していたが、結局《けっきょく》、三条《さんじょう》・三条西《さんじょうにし》・東久世《ひがしくぜ》・壬生《みぶ》・四条《しじょう》・錦小路《にしきこうじ》・沢《さわ》の七卿《しちきょう》が同行《どうこう》することになる。

そのころから雨《あめ》になった。三条実美《さんじょうさねとみ》ら七人《にん》の公家《くげ》は、千人《せんにん》の長州兵《ちょうしゅうへい》に守《まも》られ、馬乗袴《うまのりばかま》をはき、白木綿《しろもめん》の鉢巻《はちまき》に剣《けん》を帯《お》び、あるいは火事装束《かじしょうぞく》、菅笠《すげがさ》に蓑《みの》、草鞋《わらじ》ばきのさまざまなすがたで、藩邸留守居役《はんているすいやく》の小五郎《こごろう》ら京都《きょうと》にのこるわずかな人々《ひとびと》に見送《みおく》られ、夜《よる》の雨《あめ》に濡《ぬ》れて長州《ちょうしゅう》へおちて行《い》った。これが世《よ》にいう「七卿落《しちきょうお》ち」である。

池田屋事件《いけだやじけん》

そのころ小五郎《こごろう》は、長州藩《ちょうしゅうはん》 京都屋敷《きょうとやしき》の留守居役《るすいやく》として京都《きょうと》にいた。「七卿落《しちきょうお》ち」の翌年《よくねん》である。元治元《げんじがん》(一八六四)年《ねん》六月《がつ》、京《きょう》の町《まち》は真夏《まなつ》の陽《ひ》に照《て》りつけられて、はげしい暑気《しょき》におそわれていた。

藩邸《はんてい》といっても前年《ぜんねん》の八・一八政変《せいへん》で長州藩《ちょうしゅうはん》は京都《きょうと》を追放《ついほう》されたので、十数人《すうにん》の者《もの》がいるだけで、邸内《ていない》はひっそりしている。小五郎《こごろう》と顔見知《かおみし》りの他藩出身浪士《たはんしゅっしんろうし》が出入《でい》りし、ある者《もの》は泊《と》まりこんでもいる。規則違反《きそくいはん》だが、大目《おおめ》に見《み》ていた。

熊本《くまもと》の宮部鼎蔵《みやべていぞう》などもそのひとりである。京都守護職《きょうとしゅごしょく》の配下《はいか》になった新選組《しんせんぐみ》が、市中見《しちゅうみ》まわりとして、浪士狩《ろうしが》りが本格化《ほんかくか》したのは、八・一八政変直後《せいへんちょくご》からである。名《な》を知《し》られた志士《しし》は、見《み》つけしだい殺《ころ》されるという物騒《ぶっそう》なころである。宮部鼎蔵《みやべていぞう》も昼間《ひるま》は長州藩邸内《ちょうしゅうはんていない》にひそみ、夜《よる》になると出《で》かけて行《い》く。

しきたりにすぎないが藩邸《はんてい》には治外法権《ちがいほうけん》があたえられている。京都追放中《きょうとついほうちゅう》でも、長州藩《ちょうしゅうはん》邸《てい》は志士《しし》たちにとっては、ある程度《ていど》の安全地帯《あんぜんちたい》だった。いかに新選組《しんせんぐみ》でも、藩邸内《はんていない》までは踏《ふ》みこんでこない。

六月三日《がつみっか》、出入《でい》りの浪士《ろうし》が持《も》ってきた情報《じょうほう》に、小五郎《こごろう》は思《おも》わず眉《まゆ》をひそめた。

「古高俊太郎《ふるたかしゅんたろう》が新選組《しんせんぐみ》に捕《と》らえられた」

というのである。

古高《ふるたか》は京都西木屋町《きょうとにしきやまち》で、枡屋喜右衛門《ますやきえもん》という変名《へんめい》で割木屋《わりきや》（燃料商《ねんりょうしょう》）にばけ、倒幕運動《とうばくうんどう》をしていた。熊本《くまもと》から出《で》てきた宮部鼎蔵《みやべていぞう》は、はじめ古高《ふるたか》の家《いえ》にころがりこんだ。彼《かれ》はつれてきた供《とも》の者《もの》を、南禅寺内《なんぜんじない》の熊本藩宿陣《くまもとはんしゅくじん》に使《つか》いに出《だ》した。これは不用意《ふようい》なことであった。

かねて枡屋《ますや》をあやしいとにらんでいた新選組《しんせんぐみ》は、使《つか》いに出《で》た宮部《みやべ》の供《とも》を捕《と》らえて白状《はくじょう》させ、枡屋《ますや》を襲《おそ》った。気配《けはい》に勘《かん》づいた宮部《みやべ》はうまく脱出《だっしゅつ》して長州藩邸《ちょうしゅうはんてい》に逃《に》げこんだが、古高《ふるたか》俊太郎《しゅんたろう》は捕《と》らえられた。

「古高《ふるたか》は新選組《しんせんぐみ》の屯所《とんしょ》につながれている。壬生《みぶ》の屯所《とんしょ》を襲《おそ》って古高《ふるたか》の身柄《みがら》をとりかえそうという計画《けいかく》だ。いずれあつまって話《はな》し合《あ》うことになっている。桂《かつら》さんもぜひ、出席《しゅっせき》してもらいたい」

「それは無謀《むぼう》ではないか」

「反対《はんたい》ですか」

「京都守護職配下《きょうとしゅごしょくはいか》の屯所《とんしょ》といえば公儀《こうぎ》の役所《やくしょ》に準《じゅん》ずる場所《ばしょ》です。そこを襲撃《しゅうげき》すれば、新選組《しんせんぐみ》だけでなく幕軍出動《ばくぐんしゅつどう》の口実《こうじつ》をあたえることになる。いまは軽挙妄動《けいきょもうどう》を慎《つつし》むべきではありませんか」

「仲間《なかま》を見殺《みごろ》しにするといわれるか。それが長州人《ちょうしゅうじん》のやり方《かた》ですか」

宮部《みやべ》は気色《けしき》ばんだ。そうひらきなおられると、黙《だま》るしかない。

宮部《みやべ》は、小五郎《こごろう》の師《し》吉田松陰《よしだしょういん》の親友《しんゆう》だった。松陰《しょういん》は宮部《みやべ》との約束《やくそく》を守《まも》るため、旅行手形《りょこうてがた》を持《も》たずに東北《とうほく》に出《で》かけ、脱藩《だっぱん》の罪《つみ》で侍《さむらい》の身分《みぶん》を剝奪《はくだつ》された。

宮部《みやべ》は途中《とちゅう》からでも松陰《しょういん》を江戸《えど》につれ帰《かえ》るべきだった。そうすれば、江戸《えど》にいる小五郎《こごろう》はじめ門下《もんか》の者《もの》でうまく処理《しょり》できたはずで、松陰《しょういん》の生《い》き方《かた》はかわっていたかもしれない。すくなくも大獄《たいごく》に連座《れんざ》して斬首《ざんしゅ》されるという非業《ひごう》の死《し》を遂《と》げることにはならなかったのではないかと小五郎《こごろう》は思《おも》い、どことなく宮部鼎蔵《みやべていぞう》が恨《うら》めしくもあった。古高《ふるたか》も宮部《みやべ》を迎《むか》えいれたことで、災厄《さいやく》を背負《せお》ってしまった。そんな宮部《みやべ》が、こんどは自分《じぶん》に災厄《さいやく》をもたらそうとしているような気《き》もしている。

もともと新選組《しんせんぐみ》の屯所《とんしょ》を襲《おそ》って古高俊太郎《ふるたかしゅんたろう》の身柄《みがら》を奪取《だっしゅ》しようといい出《だ》したのは、宮部《みやべ》のようであった。彼《かれ》は古高《ふるたか》が捕《と》らえられたのは、自分《じぶん》に責任《せきにん》があると考《かんが》えていた。それはたしかにそうだ。原因《げんいん》をつくった本人《ほんにん》は、難《なん》をのがれているのだ。

自責《じせき》の念《ねん》にかられて、成功《せいこう》の見込《みこ》みのない無謀《むぼう》な新選組屯所襲撃《しんせんぐみとんしょしゅうげき》に、仲間《なかま》をさそいいれるというのはいかがなものか。

「友人《ゆうじん》への信義《しんぎ》を果《は》たしたいのなら、ひとりで斬《き》りこんだらよいではないか」

小五郎《こごろう》はそうもいいたいところだが、とにかくどう対処《たいしょ》するかに迷《まよ》った。

この時期《じき》、小五郎《こごろう》は在京《ざいきょう》の志士《しし》たちのなかで指導的立場《しどうてきたちば》にまつりあげられている。

「成功《せいこう》の見《み》こみのない、無謀《むぼう》なことはやめよう」といえば、それこそ「仲間《なかま》を見《み》すてる長州人《ちょうしゅうじん》」とばかり、宮部《みやべ》がいいつのるにちがいない。

ひとまず顔《かお》を出《だ》してみようと、夕刻《ゆうこく》、藩邸《はんてい》を出《で》た。出《で》かけるとき、おなじ留守居役《るすいやく》の乃《の》美織江《みおりえ》が、気配《けはい》を察《さっ》したらしく、言葉《ことば》をなげてきた。

「本日《ほんじつ》より御門留《ごもんど》めにいたしたいが、異存《いぞん》ありませんな」

「それがよろしかろう」

御門留《ごもんど》めとは、禁足令《きんそくれい》（外出禁止《がいしゅつきんし》）である。門《もん》を閉《と》ざしてなかから出《で》て行《い》くことも、はいることもできない。異常《いじょう》を感《かん》じた乃美《のみ》が決《き》めたのである。彼《かれ》は御門留《ごもんど》めにするから、それを理由《りゆう》にして、小五郎《こごろう》は藩邸《はんてい》にとどまれといってくれているのだ。

それでも小五郎《こごろう》は、裏門《うらもん》をくぐりぬけて出《で》かけた。集合場所《しゅうごうばしょ》は、三条川原町《さんじょうかわらまち》の旅籠《はたご》「池田屋《いけだや》」である。そこは藩邸《はんてい》からわずかな距離《きょり》である。

小五郎《こごろう》が池田屋《いけだや》をのぞいたのは、午後《ごご》八時《じ》ごろである。宮部《みやべ》はまだきていなかった。吉田稔麿《よしだとしまろ》・有吉熊次郎《ありよしくまじろう》・杉山松助《すぎやままつすけ》ら、はやく藩邸《はんてい》から出《で》たはずの長州人《ちょうしゅうじん》があらわれていない。十数人《すうにん》が雑談《ざつだん》をかわしているが、見《み》なれない者《もの》ばかりだった。

「はじまるまで、まだとうぶんかかりそうですね。わたしはちょっと出《で》てきます」

と、いいのこして、小五郎《こごろう》は足早《あしばや》に階段《かいだん》をおり、薄暗《うすぐら》い池田屋《いけだや》のタタキを踏《ふ》んで、外《そと》へ出《で》た。しぜんに近《ちか》くの対馬屋敷《つしまやしき》に足《あし》がむいた。対馬藩《つしまはん》の内紛《ないふん》に介入《かいにゅう》したり、文久元年《ぶんきゅうがんねん》、ロシアの軍艦《ぐんかん》に占拠《せんきょ》された経験《けいけん》をもつ対馬藩《つしまはん》の海防費《かいぼうひ》について奔走《ほんそう》するなど、小五郎《こごろう》と対馬《つしま》の宗氏《そうし》とは、かなり親密《しんみつ》な関係《かんけい》にある。とくに藩士《はんし》の大島友之允《おおしまとものじょう》とは懇意《こんい》にしている。友之允《とものじょう》は外出中《がいしゅっちゅう》だった。

「待《ま》たせてもらう」

通《とお》された部屋《へや》でごろりと横《よこ》になった。あれこれ考《かんが》えているうちに、さきほど池田屋《いけだや》にあつまっていた志士《しし》たちのなかの見知《みし》らぬ何人《なんにん》かが、妙《みょう》に気《き》になりはじめた。

──間諜《かんちょう》（スパイ）がいるのではないか。

小五郎《こごろう》は、ふとそんなことを思《おも》う。じっさいこれまでも秘密《ひみつ》にしていることが、かならずといってよいくらい洩《も》れてしまうのだった。小人数《しょうにんずう》の会合《かいごう》が、よく新選組《しんせんぐみ》に襲《おそ》われている。

だれかが密告《みっこく》しないかぎり、感《かん》づかれるはずはないと思《おも》うようなことまで、敵《てき》に知《し》られている。素性《すじょう》のわからない浪士《ろうし》のなかに、密偵《みってい》がまぎれこんでいても、決《けっ》して不思議《ふしぎ》ではないのである。

──きょうの会合《かいごう》もかぎつけられている。

なにもかも不用意《ふようい》で、無謀《むぼう》な冒険的行為《ぼうけんてきこうい》をおしつけようとする宮部鼎蔵《みやべていぞう》を、ののしりたくなった。

小五郎《こごろう》はほんのすこし眠《ねむ》ったと、自分《じぶん》では思《おも》った。本当《ほんとう》は一刻《いっこく》（二時間《じかん》）余《あま》りにも、およんだ。小五郎《こごろう》が浅《あさ》い眠《ねむ》りから覚《さ》めたのは、大島友之允《おおしまとものじょう》が帰《かえ》ってきたからである。

「桂《かつら》さん、たいへんだ」

友之允《とものじょう》は血相《けっそう》をかえていた。

「池田屋《いけだや》が襲《おそ》われています」

友之允《とものじょう》は、突《つ》っ立《た》ったまま、悲痛《ひつう》な声《こえ》をあげた。

「新選組《しんせんぐみ》ですか」

小五郎《こごろう》も立《た》ちあがる。

「斬《き》りこんだのは、新選組《しんせんぐみ》の奴《やつ》らだが、守護職《しゅごしょく》の手《て》の者《もの》が、ぎっしりとまわりをかためております。道《みち》という道《みち》は会津《あいづ》の提灯《ちょうちん》で埋《う》まったようです。一足《ひとあし》おそかったら、わたしもここへもどれなかったでしょう」

「…………」

「桂《かつら》さん、もうごけない。このままこの屋敷《やしき》にいることです。それにしても、わたしはてっきり桂《かつら》さんもやられたと思《おも》いましたよ。よかった。だいたい、あんなところで大勢《おおぜい》が密会《みっかい》するなど軽率《けいそつ》ですよ。まさか桂《かつら》さんの計画《けいかく》ではあるまい」

「わたしも気《き》がすすまず、ぐずぐずしていたのです。逃《に》げたといわれても仕方《しかた》がない」

「いや、君子《くんし》危《あや》うきに近《ちか》よらずです」

友之允《とものじょう》はなぐさめてくれるが、うしろめたい気持《きも》ちはぬぐえなかった。池田屋騒動《いけだやそうどう》といわれるこの事件《じけん》で、宮部鼎蔵《みやべていぞう》・吉田稔麿《よしだとしまろ》ら九人《にん》が殺《ころ》され、四人《にん》が重傷《じゅうしょう》、五人《にん》が捕《と》らえられた。重傷《じゅうしょう》を負《お》い、逮捕《たいほ》された者《もの》も、後日《ごじつ》、京都六角《きょうとろっかく》の獄《ごく》で新選組《しんせんぐみ》により斬殺《ざんさつ》された。維新《いしん》史上《しじょう》に深《ふか》くきざまれた惨劇《さんげき》だった。

この池田屋《いけだや》襲撃《しゅうげき》は、志士《しし》たちが放火《ほうか》して京都《きょうと》の町《まち》を丸焼《まるや》きにするという凶悪《きょうあく》な陰謀《いんぼう》を古《ふる》高《たか》が白状《はくじょう》したので、実行《じっこう》を打《う》ち合《あ》わせる会合場所《かいごうばしょ》を密偵《みってい》が嗅《か》ぎつけ、斬《き》りこんだのだと新《しん》選組《せんぐみ》はいう。

そんなことを古高《ふるたか》が自白《じはく》したかどうか、証拠《しょうこ》はないのだからほんとうのところはわからないが、襲撃《しゅうげき》の理由《りゆう》が増幅《ぞうふく》されたにおいもする。

捕《と》らえられた古高《ふるたか》の身柄《みがら》を奪取《だっしゅ》するため、新選組《しんせんぐみ》の屯所《とんしょ》を襲《おそ》う計画《けいかく》を相談《そうだん》する会合《かいごう》を襲《おそ》われたというのには現実感《げんじつかん》がある。いずれにしても大量殺戮《たいりょうさつりく》の口実《こうじつ》にはなった。

ただ小五郎《こごろう》が難《なん》を避《さ》けたことは、〝逃《に》げの小五郎《こごろう》〟という汚名《おめい》となって、彼《かれ》の履歴《りれき》に生涯《しょうがい》つきまとった。しかし真《しん》の勇気《ゆうき》は、蛮勇《ばんゆう》とちがうのだ。ここで小五郎《こごろう》が斬《き》り死《じ》にしたとしても、それはなんの役《やく》にも立《た》たない無駄死《むだじ》にでしかない。

逃《に》げるといえば、高杉晋作《たかすぎしんさく》もよく逃《に》げた。暗殺者《あんさつしゃ》にねらわれていると知《し》ると、さっさと逃《に》げた。柳生新陰流《やぎゅうしんかげりゅう》の免許皆伝《めんきょかいでん》の腕前《うでまえ》をもちながら、戦《たたか》おうとしなかったのである。命《いのち》をかけて戦《たたか》う大事《だいじ》な時《とき》がきっとくると信《しん》じていたからだ。

「生《い》きて大《おお》きな仕事《しごと》ができると思《おも》えば、いつまでも生《い》きる努力《どりょく》をせよ、死《し》んで不朽《ふきゅう》の価値《かち》があるなら、いつでも死《し》んでよい」

吉田松陰《よしだしょういん》は処刑直前《しょけいちょくぜん》、晋作《しんさく》にあたえた手紙《てがみ》でそう教《おし》えている。晋作《しんさく》はその死生観《しせいかん》をもちつづけ、やがて歴史《れきし》にのこる大仕事《おおしごと》をやり遂《と》げたのだった。それは生《い》きる勇気《ゆうき》というものである。

小五郎《こごろう》は刀《かたな》で斬《き》りむすぶ闘争《とうそう》を避《さ》けて生《い》きのび、頭脳的《ずのうてき》な行動《こうどう》で政局《せいきょく》をうごかしながら倒幕《とうばく》という大目的《だいもくてき》の達成《たっせい》をめざした。練兵館道場《れんぺいかんどうじょう》の壁書《かべが》きにあった神道無念流剣士《しんとうむねんりゅうけんし》の教《おし》えを守《まも》り、刀《かたな》を抜《ぬ》かない剣士《けんし》として、剣士以上《けんしいじょう》の仕事《しごと》をしたのである。

十七世紀英国《せいきえいこく》の医学者《いがくしゃ》・著述家《ちょじゅつか》トマス・ブラウンが似《に》たようなことをいっている。

「死《し》を軽蔑《けいべつ》するのは、勇気《ゆうき》の行為《こうい》である。しかし、生《い》きることが死《し》ぬことより一層困難《いっそうこんなん》な場合《ばあい》は、あえて生《い》きることが真《しん》の勇気《ゆうき》である」

（新渡戸稲造《にとべいなぞう》『武士道《ぶしどう》』より）

京都潜伏《きょうとせんぷく》

池田屋事件《いけだやじけん》は長州藩《ちょうしゅうはん》に強《つよ》い衝撃《しょうげき》をあたえた。

長州《ちょうしゅう》にとどいた第一報《だいいっぽう》では「桂小五郎《かつらこごろう》も打《う》ち殺《ころ》された」となっている。まもなくそれは誤報《ごほう》とわかったが、大勢《おおぜい》の長州人《ちょうしゅうじん》が殺《ころ》されたことはたしかだった。

そのころ長州《ちょうしゅう》では前年《ぜんねん》八月《がつ》十八日《にち》の政変《せいへん》で京都《きょうと》を追放《ついほう》された不満《ふまん》が、爆発寸前《ばくはつすんぜん》に達《たっ》し、武装兵《ぶそうへい》を送《おく》りこんで、皇居《こうきょ》を守《まも》っている会津《あいづ》・薩摩兵《さつまへい》を撃《う》つべしと、いまにも一部《いちぶ》の軍勢《ぐんぜい》が発進《はっしん》しようとしていた。

暴発《ぼうはつ》を慎《つつし》むように、藩命《はんめい》を出《だ》しておさえていたのだが、池田屋《いけだや》の変報《へんぽう》がはいった瞬間《しゅんかん》、怒《いか》りは頂点《ちょうてん》に達《たっ》した。藩《はん》の上層部《じょうそうぶ》でさえ興奮《こうふん》して、ついに出動命令《しゅつどうめいれい》を発《はっ》してしまった。

藩《はん》の正規軍《せいきぐん》に浪士《ろうし》たちもくわわって、元治《げんじ》元《がん》（一八六四）年《ねん》七月《がつ》十九日《にち》、二千人《せんにん》が藩主《はんしゅ》の軍令状《ぐんれいじょう》を持《も》って京都《きょうと》に乱入《らんにゅう》した。京都《きょうと》での立場《たちば》を回復《かいふく》するための一種《いっしゅ》の強訴《ごうそ》である。御所《ごしょ》の蛤御門周辺《はまぐりごもんしゅうへん》での戦《たたか》いだったので蛤御門《はまぐりごもん》の変《へん》、または禁門《きんもん》の変《へん》という。

前日《ぜんじつ》の七月《がつ》十八日《にち》、小五郎《こごろう》はおなじ留守居役《るすいやく》の乃美織江《のみおりえ》と藩邸《はんてい》にいた。長州軍《ちょうしゅうぐん》は天竜寺《てんりゅうじ》に集結《しゅうけつ》して、京都《きょうと》に攻《せ》めこむ気配《けはい》を見《み》せている。その長州軍《ちょうしゅうぐん》には、退去《たいきょ》するようにとの朝《ちょう》命《めい》（天皇《てんのう》の命令《めいれい》）が出《だ》された。その朝命《ちょうめい》を伝《つた》えに行《い》ったのは、乃美織江《のみおりえ》である。

「どんなようすでしたか」

小五郎《こごろう》がたずねると、織江《おりえ》は「朝命《ちょうめい》とあらば従《したが》うしかないという声《こえ》もあったが、予断《よだん》はできぬ。とにかく見守《みまも》るしかない」と不安《ふあん》な表情《ひょうじょう》だった。

翌《よく》十九日《にち》の早朝《そうちょう》、御所《ごしょ》のほうから砲声《ほうせい》がとどろきはじめた。長州軍《ちょうしゅうぐん》が突出《とっしゅつ》したのである。長州軍《ちょうしゅうぐん》の数倍《すうばい》にあたる数《かず》の会津《あいづ》・薩摩《さつま》の兵《へい》が、むかえ撃《う》った。優勢《ゆうせい》な会薩連合軍《かいさつれんごうぐん》に反撃《はんげき》された長州軍《ちょうしゅうぐん》はたちまち壊滅的《かいめつてき》な打撃《だげき》をうけて敗退《はいたい》した。

小五郎《こごろう》が蛤門《はまぐりもん》に駆《か》けつけたときは、すでに砲声《ほうせい》はやんで、敵味方《てきみかた》の死骸《しがい》があちこちに散《さん》乱《らん》しているだけで、まったく人影《ひとかげ》がない。堺町門《さかいまちもん》のほうで銃声《じゅうせい》がしたが、それもやんでしまった。

やがて幕兵《ばくへい》らしい群《む》れが近《ちか》づいてきた。小五郎《こごろう》は民家《みんか》の軒下《のきした》を伝《つた》って、東《ひがし》の方向《ほうこう》に走《はし》り、一軒《いっけん》の空家《あきや》に飛《と》びこんだ。新選組《しんせんぐみ》か幕兵《ばくへい》に見《み》つかったら、斬《き》り死《じ》にするまでだと心《こころ》を決《き》め、畳《たたみ》のうえに仰向《あおむ》けに寝《ね》ころんで目《め》を閉《と》じた。そのまま夜《よる》になった。

この戦《たたか》いで御所《ごしょ》付近《ふきん》の民家《みんか》から火事《かじ》となり、無風状態《むふうじょうたい》の町《まち》を四方《しほう》に燃《も》えひろがったが、北風《きたかぜ》がおこるとたちまち洛中《らくちゅう》の中央部《ちゅうおうぶ》にむかって猛威《もうい》をふるいはじめた。翌二十日《よくはつか》、さらに二十一日《にち》になっても燃《も》えつづけた。

大火《たいか》によって洛中《らくちゅう》は、町数《まちすう》八百《ぴゃく》十一、家屋《かおく》二万《まん》七千《せん》五百《ひゃく》十七、神社仏閣《じんじゃぶっかく》二百《ひゃく》五十二、大名屋敷《だいみょうやしき》四十カ所《しょ》が焼《や》けた。長州屋敷《ちょうしゅうやしき》は幕府《ばくふ》の手《て》で火《ひ》がつけられたにちがいなく、全焼《ぜんしょう》した。

長州兵《ちょうしゅうへい》は百《ひゃく》数《すう》十人《にん》の死体《したい》をのこして、大阪《おおさか》から船《ふね》で長州《ちょうしゅう》に逃《に》げ帰《かえ》った。小五郎《こごろう》は夜陰《やいん》に乗《じょう》じて西本願寺《にしほんがんじ》に逃《に》げこんだ。西本願寺《にしほんがんじ》は毛利元就《もうりもとなり》時代《じだい》から毛利家《もうりけ》とは親《した》しい関係《かんけい》にあり、このときも大勢《おおぜい》の長州兵《ちょうしゅうへい》がすくわれている。そこから僧《そう》のすがたになって大阪《おおさか》に送《おく》られ、海路《かいろ》長州《ちょうしゅう》に逃《に》げのびた。

留守居役《るすいやく》の乃美織江《のみおりえ》もそのようにして、無事帰国《ぶじきこく》した。小五郎《こごろう》もそのようにして帰国《きこく》できないことはなかったが、ひとり京都《きょうと》に踏《ふ》みとどまった。京都《きょうと》の情勢《じょうせい》を藩《はん》に通報《つうほう》するためにも、逃《に》げ出《だ》すわけにはいかないのだ。この日《ひ》から小五郎《こごろう》は密偵《みってい》として京《きょう》の町《まち》に潜伏《せんぷく》した。

恋人《こいびと》

新選組《しんせんぐみ》による長州《ちょうしゅう》の残党《ざんとう》さがしは、徹底《てってい》しておこなわれた。とくに桂小五郎《かつらこごろう》は人相書《にんそうがき》までつくって追跡《ついせき》され、日中《にっちゅう》は出歩《である》くことができない。変《へん》から五日後《いつかご》、彼《かれ》は三本木《さんぼんぎ》の割烹旅《かっぽうりょ》館《かん》（料理屋《りょうりや》を兼《か》ねた旅館《りょかん》）「吉田屋《よしだや》」にひそんでいた。

吉田屋《よしだや》は、三本木《さんぼんぎ》の美《うつく》しい芸者《げいしゃ》で幾松《いくまつ》という女性《じょせい》が職場《しょくば》にしているので、特別《とくべつ》に頼《たの》んで小五郎《こごろう》の隠《かく》れ家《が》にしてもらったのだ。王城《おうじょう》（皇居《こうきょ》）の地《ち》、京都《きょうと》の人々《ひとびと》は、勤王《きんのう》の志士《しし》たちに親切《しんせつ》だった。

奥《おく》の四畳半《じょうはん》の狭《せま》い部屋《へや》に閉《と》じこもり、便所《べんじょ》に行《い》く以外一歩《いがいいっぽ》も出《で》ないようにしている。外《そと》との連絡《れんらく》は幾松《いくまつ》がしてくれていた。

幾松《いくまつ》は小五郎《こごろう》の恋人《こいびと》である。婚約《こんやく》していた。世《よ》の中《なか》がおちついたら、いっしょになって静《しず》かに暮《く》らそうと話《はな》し合《あ》っているが、それがいつのことになるのか、見《み》とおしもつかない動乱《どうらん》の世《よ》である。

しかし、あるいは明日《あす》の日《ひ》に命《いのち》をうしなうかもしれない危険《きけん》な京《きょう》の町《まち》だからこそ、ふたりの心《こころ》は燃《も》えあがるのだ。危機《きき》におちいった小五郎《こごろう》の苦境《くきょう》を、生死《せいし》をともにしてたすけた恋人幾松《こいびといくまつ》のかいがいしいはたらきは、京都《きょうと》で長《なが》く語《かた》り伝《つた》えられる幕末《ばくまつ》の戦場《せんじょう》ロマンスだ。

後年《こうねん》、小五郎《こごろう》は維新《いしん》の元勲《げんくん》・木戸孝允《きどたかよし》となるが、木戸夫人松子《きどふじんまつこ》は、このときの幾松《いくまつ》である。

その日《ひ》、吉田屋《よしだや》の部屋《へや》にかくれている小五郎《こごろう》は、ふすまのむこうに人《ひと》の気配《けはい》を感《かん》じた。刀《かたな》をひきよせて身構《みがま》えると声《こえ》がした。

「わたしだ。大島《おおしま》です」

対馬藩《つしまはん》の大島友之允《おおしまとものじょう》だった。幾松《いくまつ》が連絡《れんらく》をとってくれたのである。

「桂《かつら》さん、どうします。帰国《きこく》されるのなら、対馬藩《つしまはん》の手《て》で、大阪《おおさか》まで送《おく》ってさしあげる」

「いや、わたしはこのまま潜伏《せんぷく》したい。長州藩《ちょうしゅうはん》がいま、もっとも知《し》りたいのは京都《きょうと》の政情《せいじょう》ですから」

「そうですか。だが、事《こと》ここにいたると、われわれの藩邸《はんてい》にかくまうこともできません。この旅館《りょかん》は人《ひと》の出入《でい》りも多《おお》い。危険《きけん》ではありませんか」

「そのうちよい隠《かく》れ家《が》をさがします」

「長州《ちょうしゅう》との連絡《れんらく》の書状《しょじょう》などあれば、わたしがあずかります。幾松《いくまつ》さんに持《も》たせてください」

「あれは頼《たの》もしい女《おんな》です」

「武家《ぶけ》の出《で》らしいですね。身持《みも》ちのかたい、気性《きしょう》の強《つよ》い、しかも美形《びけい》ときている。京都《きょうと》でも評判《ひょうばん》ですよ。うまく射《い》とめたものですな」

友之允《とものじょう》が笑《わら》っていると、その幾松《いくまつ》がやってきた。小五郎《こごろう》の着替《きが》えなどをはこんできたのだ。

「小五郎《こごろう》さま、ここには長《なが》くいられないかもしれまへん。新選組《しんせんぐみ》の者《もの》がうかごうてると宿《やど》の人《ひと》が話《はな》してはりました」

「やはりそうか。とにかく今日《きょう》にも出《で》たほうがよい」

友之允《とものじょう》が腕《うで》を組《く》み思案《しあん》していると、あわてた足音《あしおと》が廊下《ろうか》をすべってきた。

「幾松《いくまつ》はん」

小声《こごえ》である。出《で》て行《い》った幾松《いくまつ》はすぐもどってきた。小五郎《こごろう》と友之允《とものじょう》は、宿《やど》の者《もの》に案内《あんない》されて、部屋《へや》を出《で》て行《い》く。吉田屋《よしだや》には秘密《ひみつ》の抜《ぬ》け穴《あな》があって、裏《うら》を流《なが》れている鴨川《かもがわ》の河原《かわら》に出《で》られるようになっている。

ほとんどいれかわりに、侍《さむらい》すがたの男《おとこ》が三人《にん》あらわれた。

「新選組《しんせんぐみ》の近藤《こんどう》だ。ここに桂小五郎《かつらこごろう》がいたはずだが、どこへ行《い》った」

その凶暴《きょうぼう》な顔《かお》つきの男《おとこ》は、局長《きょくちょう》の近藤勇《こんどういさみ》だ。人斬《ひとき》りとして志士《しし》たちから恐《おそ》れられている。

「知《し》りまへんえ」と、幾松《いくまつ》は平然《へいぜん》としている。

「よい度胸《どきょう》だ。いつかわれらの座敷《ざしき》に呼《よ》んでやろう」

「へえ、おおきに」

「桂《かつら》にいうておけ。いずれ天然理心流《てんねんりしんりゅう》が神道無念流《しんとうむねんりゅう》の相手《あいて》をするとな」

すてぜりふをして、近藤《こんどう》たちは荒々《あらあら》しい足《あし》どりで帰《かえ》って行《い》った。

吉田屋《よしだや》を出《で》た小五郎《こごろう》と友之丞《とものじょう》は、いったん二条大橋《にじょうおおはし》の下《した》にある乞食小屋《こじきごや》にもぐりこんだ。気前《きまえ》よく金《かね》を渡《わた》して、しばらく「同居《どうきょ》」させてもらうことにする。友之丞《とものじょう》は藩邸《はんてい》に帰《かえ》り、折《お》りをみて幾松《いくまつ》に小五郎《こごろう》の居場所《いばしょ》を知《し》らせた。

「まあ、橋《はし》の下《した》どすか」

幾松《いくまつ》は一瞬顔《いっしゅんかお》をしかめたが、志士《しし》の恋人《こいびと》ならそのくらいのことは覚悟《かくご》しているはずだった。京《きょう》の町《まち》を長州藩士《ちょうしゅうはんし》が大《おお》いばりで歩《ある》けたのは、もうむかしのことである。

刀《かたな》をむしろで包《つつ》み、志士《しし》のなかでいちばんの好男子《こうだんし》といわれた顔《かお》を泥《どろ》で汚《よご》し、手拭《てぬぐ》いで頬《ほお》かむりして乞食《こじき》の格好《かっこう》をした小五郎《こごろう》の河原生活《かわらせいかつ》は十日《とおか》ばかりもつづいた。

新選組《しんせんぐみ》の小五郎《こごろう》さがしも執拗《しつよう》につづいたが、橋《はし》の下《した》で乞食《こじき》のまねをしていることは気《き》づかれずにすんだ。

幾松《いくまつ》は毎晩《まいばん》、食《た》べ物《もの》を小五郎《こごろう》のところにはこんだ。尾行《びこう》には用心《ようじん》したが危険《きけん》な行動《こうどう》だった。

大島友之允《おおしまとものじよう》は、小五郎《こごろう》をどこか京都《きょうと》に近《ちか》い別《べつ》の場所《ばしょ》に移《うつ》すことにし、広戸甚助《ひろとじんすけ》という出石《いずし》の商人《しょうにん》に身柄《みがら》をあずけることにした。

出石《いずし》の商人《しょうにん》

広戸甚助《ひろとじんすけ》は、友之允《とものじょう》と親《した》しくしている対馬藩邸《つしまはんてい》出入《でい》りの商人《しょうにん》である。義侠心《ぎきょうしん》の強《つよ》い男《おとこ》で、秘密《ひみつ》を誓《ちか》ったうえですべてをひきうけ、小五郎《こごろう》を荒物屋《あらものや》の主人《しゅじん》に仕立《した》てて、出石《いずし》に住《す》まわせることにした。

出石《いずし》は、現在《げんざい》の兵庫県出石郡出石町《ひょうごけんいずしぐんいずしちょう》である。もう日本海《にほんかい》に近《ちか》いが、京都《きょうと》の北西約《ほくせいやく》二百《ひゃく》キロだから、かつがつ京都《きょうと》のようすをうかがえる場所《ばしょ》だ。

室町時代《むろまちじだい》には但馬国守護《たじまのくにしゅご》だった山名氏《やまなし》が出石《いずし》に居城《きょじょう》を構《かま》え、江戸時代《えどじだい》には五万《まん》八千石《せんごく》の仙石氏《せんごくし》が城下町《じょうかまち》をひらいた。仙石氏《せんごくし》はお家騒動《いえそうどう》のため、三万石《まんごく》に減《へ》らされていた。

小五郎《こごろう》は宵田町筋《よいたまちすじ》のそば屋《や》のとなりに店《みせ》をもって、商人《しょうにん》になりすました。すこし侍言葉《さむらいことば》の交《ま》じる、変《へん》な商人《しょうにん》と思《おも》われはしたが、深《ふか》く疑《うたが》われることもなかった。新選組《しんせんぐみ》もここまで捜査《そうさ》の手《て》をのばせなかったのだ。

「松《まつ》のことが心配《しんぱい》です。あのまま京都《きょうと》にいては、わたしの行方《ゆくえ》を追及《ついきゅう》して、新選組《しんせんぐみ》からひどい目《め》にあわされるのではないか」

小五郎《こごろう》が思《おも》い悩《なや》むのは、やはりそのことだ。そこで大島友之允《おおしまとものじょう》は、幾松《いくまつ》を対馬《つしま》に送《おく》って保護《ほご》することにした。対馬《つしま》は朝鮮半島《ちょうせんはんとう》にも近《ちか》い絶海《ぜっかい》の孤島《ことう》である。小五郎《こごろう》と幾松《いくまつ》は遠《とお》く離《はな》ればなれになって暮《く》らすことになった。

小五郎《こごろう》が出石《いずし》にかくれていることを、友之允《とものじょう》は長州藩《ちょうしゅうはん》の村田蔵六《むらたぞうろく》にだけは、知《し》らせておいた。のちの大村益次郎《おおむらますじろう》である。

彼《かれ》は、周防《すおう》の村医者《むらいしゃ》の子《こ》で、大阪《おおさか》の緒方洪庵《おがたこうあん》に蘭学《らんがく》を学《まな》んだが、オランダ語《ご》の力《ちから》でヨーロッパの兵術書《へいじゅつしょ》を読《よ》みあさり、ついに洋式《ようしき》の軍事専門家《ぐんじせんもんか》となった。宇和島藩《うわじまはん》が村田蔵六《むらたぞうろく》を招《まね》いて、蘭学《らんがく》・兵学《へいがく》を講義《こうぎ》させたことから有名《ゆうめい》となり、江戸《えど》に出《で》て蘭学塾《らんがくじゅく》をひらく。それに幕府《ばくふ》が注目《ちゅうもく》し、番所調所《ばんしょしらべしょ》からさらに幕府講武所教授《ばくふこうぶしょきょうじゅ》に登用《とうよう》した。

——長州出身者《ちょうしゅうしゅっしんしゃ》でこんなすばらしい人物《じんぶつ》がいたのか。

小五郎《こごろう》は幕府《ばくふ》などに仕《つか》えず、ふるさとの藩《はん》に仕官《しかん》するよう村田蔵六《むらたぞうろく》を説得《せっとく》した。小五郎《こごろう》の熱意《ねつい》に感《かん》じて、蔵六《ぞうろく》は幕府《ばくふ》の職《しょく》をやめて帰《かえ》ってきた。やがて幕府《ばくふ》との戦争《せんそう》に長州藩《ちょうしゅうはん》が勝利《しょうり》したのは、蔵六《ぞうろく》の手《て》でおこなわれた軍事改革《ぐんじかいかく》の成果《せいか》である。蔵六《ぞうろく》は、開明派《かいめいは》桂小五郎《かつらこごろう》がさがしあてた最高《さいこう》の新知識《しんちしき》だった。

小五郎《こごろう》は「先生《せんせい》」と呼《よ》んで蔵六《ぞうろく》を尊敬《そんけい》し、親《した》しい関係《かんけい》にある。自分《じぶん》の居場所《いばしょ》を彼《かれ》にだけは教《おし》えておきたかった。そのうちに出石《いずし》の小五郎《こごろう》のもとに、蔵六《ぞうろく》からのたよりがあり、秘《ひ》密《みつ》の通信《つうしん》がはじまった。

「松子《まつこ》が対馬《つしま》にいるのはかわいそうです。わたしもさびしい。出石《いずし》に呼《よ》んでいただけませんか」

あるとき小五郎《こごろう》はそんな手紙《てがみ》を蔵六《ぞうろく》に送《おく》った。幾松《いくまつ》こと、松子《まつこ》はまもなく出石《いずし》へやってきたが、蔵六《ぞうろく》からの連絡《れんらく》はそのまま途絶《とだ》えてしまった。

——見《み》すてられたのではないか。

松子《まつこ》がそばにいるのに、まるで楽《たの》しめない。だれからもあてにされなくなったのかと、落魄《らくはく》（おちぶれる）した思《おも》いに沈《しず》む日々《ひび》が延々《えんえん》とつづいた。

功山寺《こうざんじ》挙兵《きょへい》

蛤御門《はまぐりごもん》の戦《たたか》いのとき、長州兵《ちょうしゅうへい》が撃《う》った鉄砲《てっぽう》の弾《たま》が御所《ごしょ》のなかに飛《と》びこみ、長州藩《ちょうしゅうはん》は、〝朝敵《ちょうてき》〟とみなされ、立場《たちば》はますます悪化《あっか》した。幕府《ばくふ》は朝廷《ちょうてい》に請《こ》い、長州征伐《ちょうしゅうせいばつ》の勅命《ちょくめい》を手《て》にいれた。

かろうじて郷里《きょうり》に逃《に》げ帰《かえ》った長州兵《ちょうしゅうへい》を待《ま》っていたのは外国連合艦隊《がいこくれんごうかんたい》の来襲《らいしゅう》と、幕府《ばくふ》の長州征伐《ちょうしゅうせいばつ》である。内外《ないがい》に敵《てき》をうけて、長州《ちょうしゅう》は文字《もじ》どおりの藩難《はんなん》を迎《むか》えようとしている。それが、攘夷戦《じょういせん》、京都出兵《きょうとしゅっぺい》と、かさなる暴走《ぼうそう》によって得《え》た、にがい報酬《ほうしゅう》であった。危機的状況《ききてきじょうきょう》は、刻々《こくこく》と近《ちか》づいてきた。

イギリス・フランス・オランダ・アメリカ四カ国《こく》の連合艦隊《れんごうかんたい》が長州《ちょうしゅう》を襲撃《しゅうげき》したのは元治《げんじ》元《がん》(一八六四)年《ねん》八月五日《がっいっか》だった。

外国軍迎撃《がいこくぐんげいげき》の目的《もくてき》で結成《けっせい》された奇兵隊《きへいたい》だが、連合艦隊《れんごうかんたい》との交戦《こうせん》で期待《きたい》されたほどの威力《いりょく》を発揮《はっき》したわけではなかった。なんといっても近代兵器《きんだいへいき》をそなえた軍艦《ぐんかん》や異人兵《いじんへい》と対等《たいとう》に戦《たたか》うだけの戦力《せんりょく》を身《み》につけていないときだ。惨敗《ざんぱい》して長州藩《ちょうしゅうはん》は降伏《こうふく》した。

八月八日《がつようか》、高杉晋作《たかすぎしんさく》を正使《せいし》とする長州藩《ちょうしゅうはん》の講和使節《こうわしせつ》は、旗艦《きかん》ユーリアラス号《ごう》を訪《おとず》れ、連《れん》合艦隊《ごうかんたい》の代表《だいひょう》クーパー提督《ていとく》と講和談判《こうわだんぱん》を開始《かいし》、連合国側《れんごうこくがわ》が要求《ようきゅう》した賠償金《ばいしょうきん》三百万《びゃくまん》ドルは、邦貨《ほうか》にして約《やく》八百《ぴゃく》七万両《まんりょう》という巨額《きょがく》である。

使節《しせつ》の高杉《たかすぎ》は、「われわれは幕府《ばくふ》の指示《しじ》によって攘夷戦《じょういせん》をやったのだから、賠償金《ばいしょうきん》は幕府《ばくふ》からとってくれ」と主張《しゅちょう》した。とうてい長州藩《ちょうしゅうはん》にその支払能力《しはらいのうりょく》はないとみた連合国《れんごうこく》は、これを了承《りょうしょう》、海峡《かいきょう》の自由通航《じゆうつうこう》を確保《かくほ》して講和《こうわ》は成立《せいりつ》した。

この最後《さいご》の攘夷戦《じょういせん》の結果《けっか》、長州藩《ちょうしゅうはん》はイギリスと急《きゅう》に仲《なか》よくなった。新式小銃《しんしきしょうじゅう》を購入《こうにゅう》するなどして軍備《ぐんび》の増強《ぞうきょう》を進《すす》め、奇兵隊《きへいたい》もようやく軍隊《ぐんたい》らしい体裁《ていさい》をととのえはじめた。洋《よう》式軍事訓練《しきぐんじくんれん》をほどこして見《み》ちがえるような戦闘集団《せんとうしゅうだん》に成長《せいちょう》していく。

長州藩《ちょうしゅうはん》が敢行《かんこう》した攘夷戦《じょういせん》は、外国《がいこく》を排撃《はいげき》するという意図《いと》とは逆《ぎゃく》に、低迷《ていめい》していた日本《にほん》の開国《かいこく》を一挙《いっきょ》に推《お》し進《すす》め、徳川《とくがわ》の封建体制《ほうけんたいせい》を倒《たお》す勢《いきお》いを一挙《いっきょ》にはやめた。

連合艦隊《れんごうかんたい》との交戦《こうせん》で敗北《はいぼく》した長州藩《ちょうしゅうはん》に追《お》い打《う》ちをかけるように、幕府《ばくふ》は長州征伐《ちょうしゅうせいばつ》の大軍《たいぐん》をむけた。長州《ちょうしゅう》は存亡《そんぼう》の危機《きき》を迎《むか》える。

幕府《ばくふ》は諸大名《しょだいみょう》に長州征伐《ちょうしゅうせいばつ》の出陣《しゅつじん》を命《めい》じ、本土側《ほんどがわ》と九州《きゅうしゅう》、そして海《うみ》から長州《ちょうしゅう》を包囲《ほうい》する作《さく》戦《せん》を立《た》て、広島《ひろしま》には三万余《まんよ》の幕軍《ばくぐん》が集結《しゅうけつ》して総攻撃《そうこうげき》の態勢《たいせい》をとりはじめた。

このときすでに薩摩《さつま》の対長州観《たいちょうしゅうかん》は大《おお》きく変化《へんか》している。ことごとに長州《ちょうしゅう》の足《あし》をひっぱってきた薩摩《さつま》だったが、西郷《さいごう》、大久保《おおくぼ》といった下級武士《かきゅうぶし》出身《しゅっしん》の有能《ゆうのう》な人材《じんざい》が頭《あたま》をもたげはじめ、ようやく大転換《だいてんかん》を遂《と》げようとしていた。西郷《さいごう》らはすでに幕府《ばくふ》の先《さき》ゆきに見《み》きりをつけていたのだ。薩摩《さつま》のライバルを壊滅《かいめつ》させるという単純《たんじゅん》な闘争意欲《とうそういよく》は、まったくすがたをけしていたのである。

征長総督参謀《せいちょうそうとくさんぼう》として広島《ひろしま》にやってきた西郷《さいごう》の工作《こうさく》によって、長州征伐《ちょうしゅうせいばつ》は不発《ふはつ》に終《お》わる。長州藩《ちょうしゅうはん》の家老《かろう》三人《にん》が蛤御門《はまぐりごもん》の変《へん》の責任《せきにん》をとって切腹《せっぷく》することで、幕軍《ばくぐん》が長州総攻撃《ちょうしゅうそうこうげき》を中止《ちゅうし》したのは、西郷《さいごう》のはからいによるものだった。

長州藩《ちょうしゅうはん》は危機《きき》をきりぬけたが、藩内《はんない》は「俗論派《ぞくろんは》」の台頭《たいとう》でこれまで積《つ》みあげてきた倒幕《とうばく》運動《うんどう》に終止符《しゅうしふ》がうたれようとしていた。

尊王攘夷《そんのうじょうい》の藩論《はんろん》を、尊王倒幕《そんのうとうばく》にきりかえた長州藩《ちょうしゅうはん》の新《あたら》しい敵《てき》は幕府《ばくふ》となるのだが、その路線《ろせん》が確定《かくてい》するまでには、激《はげ》しい藩内抗争《はんないこうそう》を経《へ》なければならなかった。

幕府《ばくふ》に謝罪《しゃざい》し、保身《ほしん》を願《ねが》う「俗論派《ぞくろんは》」による藩政府《はんせいふ》は、急進派《きゅうしんは》を処刑《しょけい》して、幕府従属《ばくふじゅうぞく》の体制《たいせい》をとりはじめた。福岡《ふくおか》に亡命《ぼうめい》していた高杉晋作《たかすぎしんさく》は、三人《にん》の家老《かろう》が幕府《ばくふ》への謝罪《しゃざい》のため切腹《せっぷく》させられたと知《し》って、いそぎ下関《しものせき》に帰《かえ》ってきた。そして決死《けっし》のクーデターを敢行《かんこう》した。元治《げんじ》元年《がんねん》十二月《がつ》十五日《にち》、高杉《たかすぎ》はわずか八十人《にん》ばかりをひきいて蜂起《ほうき》した。世《よ》にいう功山寺挙兵《じきょへい》である。やがて奇兵隊《きへいたい》をはじめ農民《のうみん》までが戦列《せんれつ》にくわわり、雪中《せっちゅう》での激闘《げきとう》を展開《てんかい》して「俗論軍《ぞくろんぐん》」を圧倒《あっとう》し、倒幕《とうばく》の藩論《はんろん》を回復《かいふく》した。

幕府《ばくふ》が第《だい》二次長州征伐《じちょうしゅうせいばつ》の勅許《ちょっきょ》を得《え》て、ふたたび諸大名《しょだいみょう》に出動《しゅつどう》を命《めい》じたのは、慶応元《けいおうがん》（一八六五）年《ねん》九月《がつ》である。薩摩《さつま》もとうぜん征長《せいちょう》の役《えき》に出兵《しゅっぺい》せよという幕命《ばくめい》をうける。禁門《きんもん》の変《へん》でその実力《じつりょく》を示《しめ》した薩摩軍《さつまぐん》は、その主力《しゅりょく》となるべき存在《そんざい》だが、薩摩《さつま》ははっきり出兵拒否《しゅっぺいきょひ》の意思《いし》を幕府《ばくふ》に告《つ》げた。

第四章 倒幕の戦い

天下《てんか》を興《おこ》す

日本列島《にほんれっとう》の西南《せいなん》に割拠《かっきょ》（たてこもる）した二国《こく》。
九州《きゅうしゅう》南端《なんたん》の薩摩《さつま》と本州西端《ほんしゅうせいたん》の長州《ちょうしゅう》。
関ケ原《せきがはら》でいっしょに戦《たたか》ってからのち、
まったく他人《たにん》の関係《かんけい》をつづけた。

たがいに幕府《ばくふ》の圧政《あっせい》に痛《いた》めつけられながら
外様大名《とざまだいみょう》の二世紀《せいき》半《はん》を耐《た》えしのび、
ついに改革《かいかく》をやり遂《と》げて、

西南雄藩《せいなんゆうはん》といわれるまでの大国《たいこく》となったが、
中央進出《ちゅうおうしんしゅつ》を競《きそ》うライバルとして憎《にく》みあった。

国《くに》の運命《うんめい》をかえりみず自己保身《じこほしん》だけをはかって、
安政《あんせい》の大獄《たいごく》という
流血《りゅうけつ》の白色《はくしょく》テロル（反政府運動《はんせいふうんどう》への激《はげ》しい弾圧《だんあつ》）を
強行《きょうこう》して恥《は》じない幕府《ばくふ》だった。
老朽化《ろうきゅうか》した幕府《ばくふ》の器《うつわ》では、
欧米《おうべい》に習《なら》う近代国家《きんだいこっか》はつくれない。
だれかが押《お》せば倒《たお》れそうなのに、
枝葉《えだは》は枯《か》れてもさすがに巨木《きょぼく》。
ひとりの力《ちから》では倒《たお》せない。

雄藩薩長《ゆうはんさつちょう》が力《ちから》を合《あ》わせれば、
根腐《ねぐさ》れした大木《たいぼく》は一発《いっぱつ》だ。
理屈《りくつ》はわかっているが、
たがいに背中《せなか》をむけあっている。
そこへ登場《とうじょう》したのが
坂本竜馬《さかもとりょうま》・中岡慎太郎《なかおかしんたろう》ら時《とき》の氏神《うじがみ》。
薩長《さっちょう》の両巨頭《りょうきょとう》
西郷隆盛《さいごうたかもり》と桂小五郎《かつらこごろう》がようやく虚心《きょしん》に手《て》をとりあって、
薩長連合《さっちょうれんごう》は成立《せいりつ》した。
維新史《いしんし》を根本《こんぽん》から旋回《せんかい》させた歴史的事件《れきしてきじけん》である。

「自今以後《じこんいご》、天下《てんか》を興《おこ》さんものは、かならず薩長《さっちょう》なるべし。

われ思《おも》うに、天下《てんか》近日《きんじつ》のあいだに、二藩《はん》の命《めい》に従《したが》うこと
鏡《かがみ》にかけて見《み》るがごとし。
しかして他日《たじつ》、国体《こくたい》を立《た》て、外夷《がいい》の軽蔑《けいべつ》を絶《た》つも
またこの二藩《はん》にもとづくなるべし」
（中岡慎太郎《なかおかしんたろう》『時勢論《じせいろん》』）

小五郎《こごろう》の復帰《ふっき》

高杉晋作《たかすぎしんさく》の功山寺《こうざんじ》挙兵《きょへい》によるクーデターが成功《せいこう》して、長州《ちょうしゅう》の藩論《はんろん》は尊王倒幕《そんのうとうばく》に確定《かくてい》した。幕軍《ばくぐん》との武力衝突《ぶりょくしょうとつ》にそなえて、長州藩《ちょうしゅうはん》は軍備増強《ぐんびぞうきょう》に力《ちから》をいれた。

「桂《かつら》さんはどうしているのだろう」

その声《こえ》があがりはじめたのは、「俗論政府《ぞくろんせいふ》」が壊滅《かいめつ》してすぐの慶応元年《けいおうがんねん》二月《がつ》ごろからである。幕軍《ばくぐん》をむかえ撃《う》つ軍事体制《ぐんじたいせい》をうけもつのは、村田蔵六《むらたぞうろく》と高杉晋作《たかすぎしんさく》である。晋作《しんさく》はしきりに小五郎《こごろう》の行方《ゆくえ》を気《き》にした。危機《きき》に直面《ちょくめん》している長州藩《ちょうしゅうはん》を総指揮《そうしき》する器量《きりょう》をそなえているのは桂小五郎《かつらこごろう》だけだと晋作《しんさく》は確信《かくしん》していた。

小五郎《こごろう》の消息《しょうそく》を知《し》っているのは村田蔵六《むらたぞうろく》だと、晋作《しんさく》はにらんでいる。山口《やまぐち》にいる蔵六《ぞうろく》に晋作《しんさく》は下関《しものせき》から何度《なんど》も手紙《てがみ》を出《だ》して、小五郎《こごろう》のようすを教《おし》えてくれるように頼《たの》んでいる。

「ひそかにおたずねします。桂小《けいしょう》（小五郎《こごろう》の暗号《あんごう》）の居所《きょしょ》は丹波《たんば》ですか、但馬《たじま》ですか。但馬《たじま》ならば、なに村《むら》なに兵衛《べえ》のところにいるのか、ご存知《ぞんじ》ならば、お聞《き》かせくださるようお願《ねが》い申《もう》しあげます」

そんなふうな手紙《てがみ》である。蔵六《ぞうろく》は知《し》らぬとかくしつづけた。まだまだはやい。桂小五郎《かつらこごろう》という切《き》り札《ふだ》を登場《とうじょう》させるのは、藩内《はんない》の体制《たいせい》がすっかりととのってからだと蔵六《ぞうろく》は思《おも》っている。

作戦《さくせん》の神様《かみさま》といわれた蔵六《ぞうろく》にとって、幕軍《ばくぐん》との戦《たたか》いははじまっているのだ。長州《ちょうしゅう》の総大将《そうだいしょう》はどこかに潜《ひそ》んでいるが、雑然《ざつぜん》とした空気《くうき》のなかにすがたを出《だ》してはいけない。人々《ひとびと》の信望《しんぼう》がそそがれ、戦《たたか》いにのぞむ精神《せいしん》が集中《しゅうちゅう》して、空気《くうき》がピリリと張《は》りつめたときをねらい、さっそうと登場《とうじょう》するのでなければならない。それを見定《みさだ》めるのも重要《じゅうよう》な作戦《さくせん》の一部《ぶ》である。

このころ長州藩《ちょうしゅうはん》の割拠体制《かっきょたいせい》はほぼかたまり、連合艦隊《れんごうかんたい》に破棄《はき》された下関《しものせき》の砲台修復《ほうだいしゅうふく》も完了《かんりょう》、奇兵隊《きへいたい》などの洋式訓練《ようしきくんれん》も進《すす》んでひとまず対幕戦《たいばくせん》の準備《じゅんび》はととのった。

当面《とうめん》、ひとつの緊急《きんきゅう》な課題《かだい》として浮《う》かびあがっているのは、小銃《しょうじゅう》の不備《ふび》だった。長州軍《ちょうしゅうぐん》が持《も》っているのは、先《さき》ごめで施条《せじょう》（ライフル）もない旧式《きゅうしき》のゲベール銃《じゅう》である。これをミニエー銃《じゅう》やスペンサー銃《じゅう》など新式小銃《しんしきしょうじゅう》にして、装備《そうび》の近代化《きんだいか》をはからなければならない。桂小五郎《かつらこごろう》ならそれをやってくれるだろうと蔵六《ぞうろく》も晋作《しんさく》も期待《きたい》した。

そこで小五郎《こごろう》を呼《よ》び出《だ》す時《とき》と、蔵六《ぞうろく》が決《き》めたのは、慶応元年《けいおうがんねん》四月《がつ》だった。

四月八日《がつようか》、小五郎《こごろう》は蔵六《ぞうろく》からの連絡《れんらく》をうけ、松子《まつこ》をつれて出石《いずし》を発《た》った。大阪《おおさか》からの船便《ふなびん》でいったん神戸《こうべ》に上陸《じょうりく》し、讃岐経由《さぬきけいゆ》の船《ふね》に乗《の》りかえて、下関《しものせき》に着《つ》いたのは二十六日《にち》である。

長州《ちょうしゅう》に復帰《ふっき》した小五郎《こごろう》を、下関《しものせき》に出迎《でむか》えたのは村田蔵六《むらたぞうろく》だった。蔵六《ぞうろく》は口《くち》をひらくなり、「施条銃《せじょうじゅう》がもっと欲《ほ》しいですなあ」といった。

「一万挺《まんちょう》もあれば、幕軍《ばくぐん》など恐《おそ》れるにたりません」

「あつめましょう」

こともなげに小五郎《こごろう》は頷《うなず》いた。

竜馬《りょうま》の鹿児島《かごしま》入《い》り

幕府《ばくふ》は第二《だいに》次長州征伐令《じちょうしゅうせいばつれい》を発令《はつれい》するひと月《つき》まえの慶応元年《けいおうがんねん》三月《がつ》、勝海舟《かつかいしゅう》が創設《そうせつ》した神戸《こうべ》の海軍操練所《かいぐんそうれんじょ》が幕府《ばくふ》の意向《いこう》で廃止《はいし》された。ここで学《まな》んでいた坂本竜馬《さかもとりょうま》と同志《どうし》二十人《にん》は、行《い》き場《ば》をうしなって困惑《こんわく》していた。

ほとんどの者《もの》が土佐《とさ》をはじめとする脱藩者《だっぱんしゃ》で、海舟《かいしゅう》の庇護《ひご》をうしなったあとは国許《くにもと》からの追求《ついきゅう》を恐《おそ》れている者《もの》もすくなくない。

竜馬《りょうま》らの身《み》のふり方《かた》を、海舟《かいしゅう》から頼《たの》まれた西郷《さいごう》は、彼《かれ》らを薩摩《さつま》でひきうけることにした。薩摩《さつま》の船《ふね》を借《か》りて海運業《かいうんぎょう》をやりたいという竜馬《りょうま》の計画《けいかく》を応援《おうえん》しようというのである。

慶応元《けいおうがん》(一八六五)年《ねん》四月《がつ》のある日《ひ》、薩摩《さつま》の大阪藩邸《おおさかはんてい》に顔《かお》を出《だ》した竜馬《りょうま》に、藩邸《はんてい》の留守居《るすい》役《やく》・吉井幸輔《よしいこうすけ》が、

「坂本《さかもと》さん、めずらしい人《ひと》に会《あ》いもはんか」

と、話《はな》しかけた。吉井《よしい》はこれから京都藩邸《きょうとはんてい》に行《い》こうとしているところだった。

「はい、会《あ》いましょう」

竜馬《りょうま》は、気軽《きがる》に頷《うなず》く。

吉井《よしい》が竜馬《りょうま》を京都藩邸《きょうとはんてい》につれて行《い》くと、そこには土佐脱藩《とさだっぱん》の中岡慎太郎《なかおかしんたろう》と土方楠左衛門《ひじかたくすざえもん》のふたりがいた。おなじ土佐《とさ》だし、竜馬《りょうま》とは旧知《きゅうち》の仲《なか》である。なぜ吉井《よしい》は、めずらしい人《ひと》に会《あ》わせるといって竜馬《りょうま》を案内《あんない》してきたのだろう。そのわけはすぐにわかった。

中岡《なかおか》と土方《ひじかた》は薩摩《さつま》と長州《ちょうしゅう》を和解《わかい》させ、幕府《ばくふ》に対抗《たいこう》する一大勢力《いちだいせいりょく》をつくりあげて、政局《せいきょく》の一大転換《いちだいてんかん》をはかるという、当時《とうじ》では途方《とほう》もないことをもくろんでいた。

竜馬《りょうま》はおどろきながら、深《ふか》く頷《うなず》いた。

「それはおもしろい。やってみようではないか。薩長《さっちょう》が力《ちから》をあわせ、一突《ひとつ》きすれば、幕府《ばくふ》は倒《たお》れる。その理屈《りくつ》を説《と》けばよい。桂小五郎《かつらこごろう》とは剣術仲間《けんじゅつなかま》じゃ、なんとかなるぜよ」

竜馬《りょうま》があまり簡単《かんたん》にいうものだから、中岡《なかおか》と土方《ひじかた》は苦笑《くしょう》して顔《かお》を見合《みあ》わせた。彼《かれ》らは、その計画《けいかく》を西郷《さいごう》にもちかけたが、話《はなし》が突飛《とっぴ》すぎるので、ただちに明確《めいかく》な返事《へんじ》をあたえてくれなかったのだ。敵対関係《てきたいかんけい》にある長州藩《ちょうしゅうはん》との和解《わかい》は、薩摩《さつま》にとって大問題《だいもんだい》である。「薩賊《さつぞく》」と呼《よ》んで薩摩《さつま》への憎《にく》しみをつのらせている長州藩邸《ちょうしゅうはんてい》にしても同様《どうよう》、承知《しょうち》するはずがない。

西郷《さいごう》のそばで成《な》りゆきを見守《みまも》っていた吉井《よしい》は、これをまとめあげるには坂本竜馬《さかもとりょうま》に一役《ひとやく》かわせるのがよいと判断《はんだん》したのだった。竜馬《りょうま》は長州藩《ちょうしゅうはん》と親《した》しいので、まずそのほうから話《はなし》を進《すす》めるのが早道《はやみち》かもしれない。

第《だい》一次《じ》長州征伐《ちょうしゅうせいばつ》で、西郷《さいごう》がとりはからった好意的《こういてき》な措置《そち》も、長州藩《ちょうしゅうはん》の人々《ひとびと》にはまだつうじてないだろう。三家老《かろう》の切腹《せっぷく》をせきたてた西郷《さいごう》を恨《うら》んでさえいるのだから、かりに薩摩《さつま》から手《て》をさしのべたとしても応《おう》じないだろう。

京都《きょうと》から大阪藩邸《おおさかはんてい》にもどった吉井《よしい》は、そこにあらわれた竜馬《りょうま》を見《み》て、とっさに「坂本《さかもと》と会《あ》わせよう」と考《かんが》えたのだった。

幕府《ばくふ》のつまらなさについては勝海舟《かつかいしゅう》からよく聞《き》かされていたし、その海舟《かいしゅう》さえ軍艦奉行《ぐんかんぶぎょう》をおろされ海軍操練所《かいぐんそうれんじょ》も閉鎖《へいさ》された。時代《じだい》に逆行《ぎゃっこう》する幕府《ばくふ》に愛想《あいそう》が尽《つ》きたというときだから、中岡《なかおか》らの薩長《さっちょう》 和解案《わかいあん》に竜馬《りょうま》が強《つよ》く共鳴《きょうめい》したのはとうぜんである。薩長連合《さっちょうれんごう》は竜馬《りょうま》という人間《にんげん》を待《ま》っていたかのように、実現《じつげん》にむかって大《おお》きくうごきはじめたのである。

ちょうどこのころ幕府《ばくふ》から薩摩藩《さつまはん》に対《たい》して、水戸天狗党《みとてんぐとう》の乱《らん》で捕《と》らえた者《もの》のうち三十五人《にん》を薩摩《さつま》に流《なが》すのでうけとれと命《めい》じてきた。前年《ぜんねん》三月《がつ》、水戸藩《みとはん》の攘夷急進派《じょういきゅうしんは》がおこした水《み》戸天狗党《とてんぐとう》の乱《らん》に対《たい》する幕府《ばくふ》の処置《しょち》は峻烈《しゅんれつ》をきわめた。

首謀者《しゅぼうしゃ》をはじめ三百《びゃく》 七十余《よ》人《にん》を斬罪《ざんざい》、四百《ひゃく》 五十余《よ》人《にん》を捕《と》らえて流罪《るざい》、追放《ついほう》するという厳《きび》しいもので世人《せじん》の眉《まゆ》をひそめさせた。

「古来《こらい》より降伏《こうふく》した者《もの》に過酷《かこく》なあつかいをすることは、聞《き》かないところである。当藩《とうはん》にても捕虜《ほりょ》をいじめ、殺《ころ》すなどは道理《どうり》においてできかねるので、おことわりする」という意味《いみ》の返書《へんしょ》を自《みずか》らしたためて、幕命《ばくめい》をはねつけた。薩摩《さつま》だけでなく、出陣《しゅつじん》を辞退《じたい》する藩《はん》はすくなくなかった。幕府《ばくふ》の威令《いれい》が地《ち》におちたことを物語《ものがた》っている。

薩摩《さつま》の幕府《ばくふ》離《ばな》れが、このように明確《めいかく》にあらわれたからには、長州藩《ちょうしゅうはん》と手《て》を握《にぎ》りあう空気《くうき》充分《じゅうぶん》といってよいのだが、和解案《わかいあん》においそれとはびつくには時期《じき》がすこしはやすぎた。

薩摩《さつま》の意思《いし》をたしかめることができないまま、中岡《なかおか》・土方《ひじかた》は京都《きょうと》を去《さ》り、西郷《さいごう》は家老《かろう》の小松帯刀《こまつたてわき》とともに大阪《おおさか》にむかう。薩摩《さつま》の軍艦胡蝶丸《ぐんかんこちょうまる》に乗《の》って鹿児島《かごしま》に帰《かえ》るのだが、約束《やくそく》どおり竜馬《りょうま》らも同乗《どうじょう》させた。

鹿児島城下《かごしまじょうか》の西郷宅《さいごうたく》に滞在《たいざい》した竜馬《りょうま》にとって、薩長和解《さっちょうわかい》の件《けん》をじっくり話《はな》し合《あ》う絶好《ぜっこう》の機会《きかい》となった。機《き》は急速《きゅうそく》に熟《じゅく》しつつあった。

「薩摩《さつま》さん、やはり幕府《ばくふ》はつぶさんといけんぜよ」

竜馬独特《りょうまどくとく》の熱誠《ねっせい》をこめた説得《せっとく》に折《お》れて、西郷《さいごう》は決然《けつぜん》としていった。

「長州《ちょうしゅう》と力《ちから》を合《あ》わせ、幕府《ばくふ》を倒《たお》しもそ」

彼《かれ》は当面《とうめん》の和《わ》解策《かいさく》を竜馬《りょうま》に一任《いちにん》した。また、薩摩《さつま》藩《はん》があとおしして、長崎《ながさき》を根拠《こんきょ》とする竜馬《りょうま》たちの事業《じぎょう》を開始《かいし》する話《はなし》も決《き》まる。土佐《とさ》海援隊《かいえんたい》の前身《ぜんしん》、「亀山社中《かめやましゃちゅう》」の発足《ほっそく》である。

薩摩《さつま》からの贈《おく》り物《もの》

薩長和解《さっちょうわかい》の周旋《しゅうせん》という大任《たいにん》を背負《せお》った竜馬《りょうま》は、長崎《ながさき》のことをほかの同志《どうし》にまかせて、自分《じぶん》は陸路太宰府《りくろだざいふ》にむかった。三条実美《さんじょうさねとみ》ら五卿《ごきょう》に会《あ》い、了解《りょうかい》をとりつけておこうとしたのだ。長州藩《ちょうしゅうはん》を賛成《さんせい》させるには、この公家《くげ》たちをひきこむ必要《ひつよう》があると竜馬《りょうま》は考《かんが》えた。根回《ねまわ》しである。

長州藩《ちょうしゅうはん》と同様《どうよう》、薩摩《さつま》と会津《あいづ》によって京《きょう》を追《お》われた五卿《ごきょう》たちは、案《あん》の定《じょう》、すぐには首《くび》をたてに振《ふ》らなかった。熱弁《ねつべん》をふるって五卿《ごきょう》を説《と》き伏《ふ》せた竜馬《りょうま》は、下関《しものせき》にいそいだ。勤王商人《きんのうしょうにん》といわれる白石正一郎《しらいししょういちろう》の家《いえ》で長州藩《ちょうしゅうはん》の桂小五郎《かつらこごろう》と会《あ》い、薩摩《さつま》の意思《いし》を伝《つた》えて和解《わかい》をすすめるつもりである。小五郎《こごろう》とは、たがいに剣客《けんかく》の名《な》を江戸《えど》で鳴《な》らしているころからの顔見知《かおみし》りだったから、話《はなし》はよくつうじるだろうという期待《きたい》もある。

慶応元年《けいおうがんねん》は閏年《うるうどし》だから、五月《がつ》が二度《ど》ある。閏《うるう》五月一日《がつついたち》、山口《やまぐち》にいる小五郎《こごろう》のところに下関《しものせき》の竜馬《りょうま》からの使《つか》いがきた。竜馬《りょうま》からの面会《めんかい》の申《もう》し入《い》れだった。

彼《かれ》が薩長和解《さっちょうわかい》でうごいていることは、すでに薄々耳《うすうすみみ》にしている。ことあるごとに長州《ちょうしゅう》の足《あし》をひっぱってきた薩摩《さつま》への恨《うら》みは積《つ》もっているが、薩長両藩《さっちょうりょうはん》が手《て》をむすべば、理想的《りそうてき》なかたちができあがる。

小五郎《こごろう》はかねてから「正藩連合《せいはんれんごう》」をとなえてきた。幕政《ばくせい》を批判《ひはん》する正義《せいぎ》の藩《はん》が連合《れんごう》しようという呼《よ》びかけである。これまで薩摩《さつま》とは敵対関係《てきたいかんけい》にあったから、薩長《さっちょう》が連合《れんごう》するなどは夢《ゆめ》にも思《おも》えなかった。その薩摩《さつま》と手《て》を握《にぎ》ることができるのなら、最強《さいきょう》の正藩連合《せいはんれんごう》が成立《せいりつ》することになる。過去《かこ》の恨《うら》みなどは、すっぱりわすれてもよいとわりきっていた。そこが開明派《かいめいは》の小五郎《こごろう》らしいところである。

竜馬《りょうま》が大《おお》がかりな陰謀《いんぼう》を胸《むね》に、下関《しものせき》にきている。駆《か》け出《だ》して行《い》きたい気持《きも》ちにかられながらも、小五郎《こごろう》は慎重《しんちょう》な態度《たいど》をとった。まず藩《はん》の重臣《じゅうしん》・山田宇右衛門《やまだうえもん》に、坂本竜馬《さかもとりょうま》と会《あ》ってよろしいかと相談《そうだん》する。独断《どくだん》で事《こと》をはこびたくなかった。

「薩摩《さつま》とか」

山田《やまだ》もさすがにおどろいたが、小五郎《こごろう》とおなじ意見《いけん》だった。やはり殿様《とのさま》の耳《みみ》にもいれておこうと、藩主敬親《はんしゅたかちか》に言上《ごんじょう》した。以前《いぜん》は慶親《よしちか》といっていたが、文久《ぶんきゅう》三年《ねん》の政変《せいへん》以来《いらい》官位《かんい》を奪《うば》われ、将軍《しょうぐん》からもらっていた「慶《けい》」の字《じ》を使《つか》えなくなって、まえの「敬親《たかちか》」に返《かえ》したのだった。

「それもよいではないか」

思《おも》ったとおり敬親《たかちか》は反対《はんたい》しなかった。この殿様《とのさま》のあだ名《な》は〝そうせい侯《こう》〟といった。いつも「そうせい（そのようにいたせ）」と、家来《けらい》にまかせてしまうから、陰《かげ》でそう呼《よ》ばれたが、決《けっ》して愚《おろ》かな人《ひと》ではない。家臣《かしん》を信《しん》じていたのだ。

小五郎《こごろう》は下関《しものせき》へむかった。

白石邸《しらいしてい》に行《い》くと、そこへ坂本竜馬《さかもとりょうま》・中岡慎太郎《なかおかしんたろう》・土方楠左衛門《ひじかたくすざえもん》が顔《かお》をそろえていた。

「正藩連合《せいはんれんごう》はかねてからのわたしの持論《じろん》であります。薩長連合《さっちょうれんごう》に反対《はんたい》する理由《りゆう》はなにもありません」

「よし、決《き》まったぜよ。では、西郷《さいごう》さんを呼《よ》んでくる」

竜馬《りょうま》はそういって、中岡《なかおか》と土方《ひじかた》といっしょに出《で》かけて行《い》く。西郷《さいごう》はまもなく船《ふね》で下関《しものせき》に着《つ》くというので、小五郎《こごろう》は白石邸《しらいしてい》で待《ま》つことにした。数日中《すうじっちゅう》にはあらわれるはずだったが、十日《とおか》ばかりすぎても、だれひとりやってこない。

そのうちに土方楠左衛門《ひじかたくすざえもん》がやってきた。一日《にち》おいて竜馬《りょうま》もやってきた。西郷《さいごう》を案内《あんない》してくるはずの中岡慎太郎《なかおかしんたろう》は、なにをしているのだろう。三人《にん》が首《くび》をかしげながら待《ま》っていたが、中岡《なかおか》からの連絡《れんらく》もない。小五郎《こごろう》は山口《やまぐち》に帰《かえ》るといいだした。

土方《ひじかた》と竜馬《りょうま》がなんとか小五郎《こごろう》をなだめているうちに、やっと閏《うるう》五月《がつ》二十一日《にち》になって中《なか》岡慎太郎《おかしんたろう》がひとりで憂鬱《ゆううつ》そうな顔《かお》を白石家《しらいしけ》に出《だ》した。

西郷《さいごう》は京都《きょうと》に急用《きゅうよう》ができたといって、船《ふね》を下関《しものせき》にまわさず、そのまま行《い》ってしまったという。

「やはり薩摩《さつま》とは、そういうものだ」

と、小五郎《こごろう》は怒《おこ》った。急用《きゅうよう》というのは嘘《うそ》で、西郷《さいごう》はすぐに小五郎《こごろう》と会《あ》い和解《わかい》をとり決《き》めるのを避《さ》けたのである。京都《きょうと》にいる大久保《おおくぼ》が長州藩《ちょうしゅうはん》との和解《わかい》に反対《はんたい》しているので、この話《はなし》を進《すす》めるにしても彼《かれ》の同意《どうい》を得《え》たうえでなければ、藩内《はんない》の結束《けっそく》に亀裂《きれつ》ができると判断《はんだん》したためである。

「西郷《さいごう》さんは慎重《しんちょう》を期《き》しているのだろう」と、竜馬《りょうま》がとりなすようにいったが、小五郎《こごろう》はもう投《な》げてしまっている。

「では薩摩《さつま》が誠意《せいい》をみせれば、考《かんが》えなおしてくれますか。おまんらがほしがっている新式《しんしき》小銃《しょうじゅう》を薩摩《さつま》の名《な》で亀山社中《かめやましゃちゅう》が買《か》い、長州藩《ちょうしゅうはん》に売《う》ることはできる。小銃《しょうじゅう》一万挺《まんちょう》ぐらいわけもないことじゃぞ」

この意表《いひょう》をついた提案《ていあん》に、小五郎《こごろう》はおどろいて座《すわ》りなおした。喉《のど》から手《て》が出《で》るほどほしい武器《ぶき》だ。幕府《ばくふ》の第《だい》二次長州征伐《じちょうしゅうせいばつ》にそなえて、軍備《ぐんび》の充実《じゅうじつ》をいそいでいる長州《ちょうしゅう》は、旧式《きゅうしき》銃《じゅう》を廃棄《はいき》して、ミニエー銃《じゅう》にきりかえるべく、長崎《ながさき》の英国武器《えいこくぶき》商人《しょうにん》グラバーからそれを購《こう》入《にゅう》しようとしていた。

「長州《ちょうしゅう》になら百万両《ひゃくまんりょう》 貸《か》してもよい」と、グラバーがいっていた矢先《やさき》、幕府《ばくふ》が釘《くぎ》をさしてきた。長州《ちょうしゅう》に武器《ぶき》を売《う》る商人《しょうにん》は国外追放《こくがいついほう》に処《しょ》すというのである。グラバーから手《て》をひかれ、武器輸入《ぶきゆにゅう》の道《みち》を絶《た》たれた長州藩《ちょうしゅうはん》は困惑《こんわく》していた。

この時期《じき》、薩摩《さつま》は、グラバーと自由《じゆう》にとりひきをしていたので、その名義《めいぎ》を借《か》りれば、いくらでも銃《じゅう》は手《て》にはいる。竜馬《りょうま》たちが長崎《ながさき》に創設《そうせつ》した亀山社中《かめやましゃちゅう》が転売《てんばい》する方法《ほうほう》をとればよいのだった。

竜馬《りょうま》としては発足《ほっそく》したばかりの亀山社中《かめやましゃちゅう》の初仕事《はつしごと》となり、薩長和解《さっちょうわかい》のきっかけにもなるという、まさに一石二鳥《いっせきにちょう》の名案《めいあん》である。

「それができるならば」と、小五郎《こごろう》は半信半疑《はんしんはんぎ》で頷《うなず》きながら山口《やまぐち》に帰《かえ》って行《い》く。政事堂《せいじどう》に帰任《きにん》した小五郎《こごろう》がそのことを報告《ほうこく》すると、藁《わら》をもつかみたい思《おも》いの藩主《はんしゅ》をはじめ重臣《じゅうしん》たち、とくに洋式《ようしき》の兵制改革《へいせいかいかく》に奔走《ほんそう》している村田蔵六《むらたぞうろく》は、竜馬《りょうま》の提案《ていあん》が実現《じつげん》することを祈《いの》りながら朗報《ろうほう》を待《ま》った。

「西郷《さいごう》とは、どういう男《おとこ》だろう」

小五郎《こごろう》はそのことばかりを考《かんが》えていた。とにかく約束《やくそく》をやぶり、二十日《はつか》ばかりも人《ひと》を待《ま》たせて平気《へいき》でいられる図太《ずぶと》い神経《しんけい》が、小五郎《こごろう》のような人間《にんげん》には理解《りかい》できないのである。小銃《しょうじゅう》一万挺《まんちょう》ぐらいわけもないなどと、竜馬《りょうま》はうまいことをいうが、西郷《さいごう》が相手《あいて》ではどんなことになるか。小五郎《こごろう》はしだいに心細《こころぼそ》くなってきた。

一方《いっぽう》、白石邸《しらいしてい》で土方《ひじかた》と別《わか》れた竜馬《りょうま》と中岡《なかおか》は下関《しものせき》から海路《かいろ》大阪《おおさか》にむかい、京都《きょうと》にはいって薩摩藩邸《さつまはんてい》の西郷《さいごう》を訪《たず》ねた。

「西郷《さいごう》さん、待《ま》っちょったぜよ」

竜馬《りょうま》はいきなり口《くち》をとがらせた。

「すまんことでごわした」

西郷《さいごう》はすなおに頭《あたま》をさげ、いきさつを説明《せつめい》した。長州《ちょうしゅう》との和解《わかい》のことを、まだ大久保一蔵《おおくぼいちぞう》と話《はな》しあっていなかったので、桂小五郎《かつらこごろう》と会《あ》うのをのばすことにしたのだった。そのころ薩摩《さつま》は西郷《さいごう》と大久保《おおくぼ》のラインでうごかしている。つねによく連絡《れんらく》をとりあい、たがいの意思《いし》をかよわせておくことがたいせつだった。ひとりが独走《どくそう》すると提携《ていけい》がくずれてしまう。

そのための慎重《しんちょう》な配慮《はいりょ》である。

竜馬《りょうま》らが薩摩藩邸《さつまはんてい》を訪《おとず》れたとき、西郷《さいごう》はすでに薩長和解《さっちょうわかい》について大久保《おおくぼ》と話《はな》し合《あ》い、同意《どうい》を得《え》て態勢《たいせい》はすっかりその方向《ほうこう》にかたまっていた。長州藩《ちょうしゅうはん》の武器購入《ぶきこうにゅう》のことも簡単《かんたん》にかたづき、西郷《さいごう》はさっそく長崎《ながさき》にいる小松帯刀《こまつたてわき》に連絡《れんらく》した。

竜馬《りょうま》からは亀山社中《かめやましゃちゅう》に連絡《れんらく》すると同時《どうじ》に、桂《かつら》に結果《けっか》を知《し》らせ、長州藩《ちょうしゅうはん》から武器《ぶき》うけとりのため長崎《ながさき》に人《ひと》をやるように指示《しじ》した。

このとき長崎《ながさき》に行《い》ったのは伊藤俊輔《いとうしゅんすけ》(博文《ひろぶみ》)と井上聞多《いのうえもんた》(馨《かおる》)で、グラバーからミニエー銃《じゅう》四千《せん》三百挺《びゃくちょう》、ゲベール銃《じゅう》三千挺《ぜんちょう》を買《か》いとった。ゲベール銃《じゅう》は旧式《きゅうしき》だから不要《ふよう》だが、これはおまけで買《か》わされたのかもしれない。

しかし、四千《せん》三百挺《びゃくちょう》のミニエー銃《じゅう》はありがたい。当時《とうじ》、長州藩《ちょうしゅうはん》の戦闘員《せんとういん》は約《やく》四千人《せんにん》だから、全員《ぜんいん》がこの新式小銃《しんしきしょうじゅう》を持《も》つことができる。これが対幕戦《たいばくせん》、そして戊辰戦争《ぼしんせんそう》に威力《いりょく》を発揮《はっき》するのである。

九月《がつ》二十一日《にち》、幕府《ばくふ》が朝廷《ちょうてい》に願《ねが》い出《で》ていた第《だい》二次長州征伐《じちょうしゅうせいばつ》の勅許《ちょっきょ》がおり、にわかに緊張《きんちょう》が高《たか》まってきた。

その五日後《いつかご》に、西郷《さいごう》は胡蝶丸《こちょうまる》に乗《の》って鹿児島《かごしま》に帰《かえ》ることになった。いずれ幕府《ばくふ》から長州《ちょうしゅう》征伐《せいばつ》への出兵《しゅっぺい》を命《めい》じてくるだろう。「幕府《ばくふ》と長州藩《ちょうしゅうはん》の私闘《しとう》に関《かか》わる名分《めいぶん》がない」として断固《だんこ》拒否《きょひ》することにしている。

竜馬《りょうま》はその胡蝶丸《こちょうまる》に同乗《どうじょう》し、さらに長州《ちょうしゅう》の根回《ねまわ》しをするため周防上関《すおうかみのせき》で下船《げせん》した。藩内《はんない》を駆《か》け歩《ある》いて重臣《じゅうしん》たちと会《あ》い、薩摩《さつま》と和解《わかい》し連合《れんごう》を組《く》むのが緊急《きんきゅう》の課題《かだい》であることを説《と》き、事前《じぜん》の準備《じゅんび》を万全《ばんぜん》なものにした。

「藩命《はんめい》が出《で》れば、いつでも京都《きょうと》へ駆《か》けつけます」

と、小五郎《こごろう》は待機《たいき》の姿勢《しせい》をととのえた。

そのころ、竜馬《りょうま》は薩長両藩《さっちょうりょうはん》の友好関係《ゆうこうかんけい》を深《ふか》めるには交易《こうえき》にかぎると思《おも》い、

「薩摩《さつま》は今年《ことし》、米《こめ》が不作《ふさく》でこまっているようだから、長州《ちょうしゅう》から、米《こめ》を売《う》ってやったらどうか」

と、小五郎《こごろう》にすすめた。山田宇右衛門《やまだうえもん》に相談《そうだん》すると、無料《むりょう》で薩摩《さつま》がほしいだけ進呈《しんてい》しようという。竜馬《りょうま》は西郷《さいごう》と会《あ》うべく、京都《きょうと》にいそぐ。

一方《いっぽう》、西郷《さいごう》は十月四日《がつよっか》、鹿児島《かごしま》に着《つ》き、久光《ひさみつ》・忠義父子《ただよしおやこ》に京都《きょうと》の情勢《じょうせい》を報告《ほうこく》し、十日後《とおかご》には家老《かろう》の小松《こまつ》とともに兵《へい》をひきいて出発《しゅっぱつ》、二十六日《にち》に入京《にゅうきょう》した。

十一月七日《がつなのか》、幕府《ばくふ》は勅許《ちょっきょ》をかざして長州征伐令《ちょうしゅうせいばつれい》を発《はっ》し、三十一藩《ぱん》に出兵《しゅっぺい》を命《めい》じた。今度《こんど》こそ戦争《せんそう》になるが、もちろん薩摩《さつま》は腰《こし》をあげない。

征伐令《せいばつれい》が出《で》た日《ひ》とおなじころ、竜馬《りょうま》が京都薩摩藩邸《きょうとさつまはんてい》にやってきた。西郷《さいごう》に会《あ》うなり彼《かれ》は長州《ちょうしゅう》の情況《じょうきょう》を告《つ》げ、薩長《さっちょう》が和解《わかい》し連合《れんごう》することをいそがせた。西郷《さいごう》にもむろん異存《いぞん》はない。

「ついては、だれか迎《むか》えの者《もの》を長州《ちょうしゅう》にやって、薩摩《さつま》から招《まね》くというかたちをとれないだろうか」

と、竜馬《りょうま》は提案《ていあん》した。勝手《かって》に乗《の》りこんでくることをためらっている長州《ちょうしゅう》の空気《くうき》を察《さっ》したからである。西郷《さいごう》は快諾《かいだく》した。そこで黒田了介《くろだりょうすけ》(清隆《きよたか》)が長州《ちょうしゅう》に行《い》き、桂小五郎《かつらこごろう》をつれて京都《きょうと》にもどってくることになった。

長州藩《ちょうしゅうはん》が米《こめ》五百俵《ひゃっぴょう》を薩摩《さつま》に贈《おく》るといっていると竜馬《りょうま》が得意《とくい》げに報告《ほうこく》する。

「ただで貰《もら》うわけにはいくまい」と、西郷《さいごう》は笑《わら》いとばし、米《こめ》は幕府《ばくふ》と戦《たたか》う長州藩《ちょうしゅうはん》にとっても大事《だいじ》な食糧《しょくりょう》、うけとれないと辞退《じたい》した。

「薩摩隼人《さつまはやと》とは、見《み》あげた人々《ひとびと》よの」

小五郎《こごろう》はまだ西郷《さいごう》と一度《いちど》も会《あ》っていない。想像《そうぞう》していた西郷《さいごう》のすがたが、さらに大《おお》きくふくれていくのを感《かん》じた。

後日《ごじつ》、長州藩《ちょうしゅうはん》が贈《おく》った米《こめ》を薩摩《さつま》は受納《じゅのう》を拒《こば》み、また長州藩《ちょうしゅうはん》でもいったん出《だ》したものは、うけとれないといって五百俵《ひゃっぴょう》の米《こめ》は、宙《ちゅう》に浮《う》いてしまった。結局《けっきょく》、竜馬《りょうま》の亀山社中《かめやましゃちゅう》がもらうということで解決《かいけつ》している——。

薩長《さっちょう》 密約成《みつやくな》る

黒田《くろだ》にともなわれた長州《ちょうしゅう》の——桂小五郎《かつらこごろう》・三好軍太郎《みよしぐんたろう》・品川弥二郎《しながわやじろう》——が京都薩摩藩邸《きょうとさつまはんてい》にはいったのは、年《とし》が明《あ》けて慶応《けいおう》二（一八六六）年《ねん》一月八日《がつようか》である。

西郷《さいごう》は丁重《ていちょう》に彼《かれ》らを遇《ぐう》し、朝夕《あさゆう》の食膳《しょくぜん》にもご馳走《ちそう》がならんだ。薩摩側《さつまがわ》では、さっそく桂《かつら》小五郎《こごろう》から話《はなし》をきり出《だ》してくるだろうと待《ま》ち構《かま》えていたが、ひたすら黙《だま》りこんだままだ。妙《みょう》な雰囲気《ふんいき》となって日《ひ》が過《す》ぎていく。

小五郎《こごろう》としては、自分《じぶん》たちを招《まね》いたのはそちらだから、西郷《さいごう》から会談《かいだん》の糸口《いとぐち》を覗《のぞ》かしてくれてもよいではないかと考《かんが》えている。小五郎《こごろう》たちのようすを横目《よこめ》に、西郷《さいごう》も悠然《ゆうぜん》と構《かま》えている。たがいに不信感《ふしんかん》をただよわせているのは、それまでの経緯《けいい》からしてもやむを得《え》ないことだった。

まあ、ここまできたのだから、あわてることはないと思《おも》っているうちに、十日《とおか》ばかりも経《た》ってしまった。

一月二十二日《がつにち》の朝《あさ》、長州《ちょうしゅう》の者《もの》が帰《かえ》り支度《じたく》をしているところへ、坂本竜馬《さかもとりょうま》が血相《けっそう》かえてあらわれた。小五郎《こごろう》をつかまえていう。

「幕府《ばくふ》は軍勢《ぐんぜい》をととのえて明日《あす》にも襲《おそ》ってこようというのに、小理屈《こりくつ》をならべて、ぐずぐずしておる時《とき》か」

「坂本《さかもと》さん、わたしの考《かんが》えはこうだ」

と、小五郎《こごろう》は静《しず》かな口調《くちょう》で、激昂《げっこう》する竜馬《りょうま》にむきなおった。

「いま、長州藩《ちょうしゅうはん》にとって天下《てんか》はすべて敵《てき》にまわっている。幕府軍《ばくふぐん》が四境《しきょう》にせまるとき、藩民《はんみん》は一死《いっし》もってこれにあたる覚悟《かくご》を定《さだ》めているが、もとより活路《かつろ》があるなどとは考《かんが》えていない。長州《ちょうしゅう》は危険《きけん》の極《きわ》みに立《た》たされている。

このようなとき、薩摩《さつま》に懇願《こんがん》してまで、彼《かれ》らを危険《きけん》にひきずりこむことができるだろうか。薩摩《さつま》自《みずか》ら手《て》をさしのべてくれたと思《おも》ったからこそ、われわれはすくいをもとめにやってきた。

しかるに薩摩《さつま》は、おまえたちがまず手《て》をついて憐《あわ》れみを乞《こ》えという態度《たいど》ではありませんか。長州人《ちょうしゅうじん》にも誇《ほこ》りはある。それをすててまで、命《いのち》をたすかろうなどとは願《ねが》わない。このまま長州《ちょうしゅう》は滅《ほろ》びてもよいのです。薩摩《さつま》がのこって幕府《ばくふ》を倒《たお》してくれるなら、われわれに恨《うら》みはないのです」

「ようわかったぜよ、桂《かつら》さん」

竜馬《りようま》は感動《かんどう》して、目《め》をうるませながら、すぐに西郷《さいごう》のところへ行《い》く。

「天下《てんか》のために連合《れんごう》を周旋《しゆうせん》し、両藩《りようはん》の要人《ようじん》を会《あ》わせたというのに、つまらぬ感情《かんじよう》におぼれて、肚《はら》を割《わ》れんとは何事《なにごと》ですか！　長州《ちようしゆう》の連中《れんちゆう》はもう帰《かえ》り支度《じたく》をしていますぞ」

「残念《ざんねん》だが、縁《えん》がなかったということだろう」

「桂《かつら》は、こういっている」

と、竜馬《りようま》は西郷《さいごう》をにらみつけ、小五郎《こごろう》の言葉《ことば》を伝《つた》えた。

「長州《ちようしゆう》の立場《たちば》を哀《あわ》れと思《おも》いませぬか。桂《かつら》らは旅支度《たびじたく》を解《と》かずに待《ま》っておるぜよ」

「わかりもした」

西郷《さいごう》はひとことつぶやき、深《ふか》く頷《うなず》いた。

小松帯刀《こまつたてわき》、坂本竜馬《さかもとりようま》らの立会《たちあ》いのもとに話《はな》し合《あ》いがはじまると、開口一番《かいこういちばん》、小五郎《こごろう》は過去《かこ》、長州藩《ちようしゆうはん》に対《たい》してとりつづけた薩摩藩《さつまはん》の行動《こうどう》をなじった。それは溜《た》まっていたものを吐《は》き出《だ》すような勢《いきお》いで、長州人《ちようしゆうじん》・桂小五郎《かつらこごろう》の口《くち》をついて出《で》る痛切《つうせつ》な薩摩批判《さつまひはん》だった。

虚心《きよしん》に手《て》を握《にぎ》りあうために、あえていっておきたい、それで事《こと》がやぶれるならやむを得《え》ないという小五郎《こごろう》の悲壮《ひそう》な決意《けつい》だった。歴史《れきし》を旋回《せんかい》させる両雄《りょうゆう》の息《いき》づまる会談《かいだん》である。

「ごもっともでごわす」

西郷《さいごう》は、おだやかな声《こえ》で、それしかいわなかった。

「幕長戦《ばくちょうせん》が開始《かいし》されれば、薩摩《さつま》は幕府《ばくふ》に対抗《たいこう》し得《え》る兵力《へいりょく》を京都周辺《きょうとしゅうへん》に配置《はいち》し、朝廷《ちょうてい》に対《たい》して長州藩《ちょうしゅうはん》のために周旋《しゅうせん》する。われわれの行《ゆ》く手《て》を遮《さえぎ》る者《もの》とは武力《ぶりょく》で対決《たいけつ》しよう。薩長《さっちょう》たがいに誠心協力《せいしんきょうりょく》することを約《やく》す」という薩長同盟《さっちょうどうめい》の密約《みつやく》が成立《せいりつ》したのは、その日《ひ》の夕刻近《ゆうこくちか》いころだった。

文書《ぶんしょ》はとり交《か》わさなかったので、後日《ごじつ》、桂小五郎《かつらこごろう》は内容《ないよう》を整理《せいり》した書面《しょめん》を竜馬《りょうま》に宛《あ》てて出《だ》し、その確認《かくにん》をもとめた。小五郎《こごろう》らしい慎重《しんちょう》さである。

一、戦《いくさ》（長州再征《ちょうしゅうさいせい》）と相成《あいな》り候時《そうろうとき》は、すぐさま二千余《せんよ》の兵《へい》（薩州藩兵《さつしゅうはんぺい》）を急速《きゅうそく》差《さ》し登《のぼ》し、只今在京《ただいまざいきょう》の兵《へい》と合《がっ》し、浪華《なにわ》へも千程《せんほど》は差《さ》し置《お》き、京坂両所《けいはんりょうしょ》を相固《あいかた》め候事《そうろうこと》。

二、戦自然《いくさしぜん》も我《わ》が勝利《しょうり》と相成《あいな》り候気鋒《そうろうきほう》これあり候《そうろう》とき、その節朝廷《せっちょうてい》へ申《もう》し上《あ》げ、きっと尽力《じんりょく》の次第《しだい》これあり候《そうろう》との事《こと》。

三、万一戦敗色《まんいついくさはいしょく》にこれあり候《そうろう》とも、一年《ねん》や半年《はんねん》に決《けっ》して潰滅致《かいめついた》し候《そうろう》と申《もう》す事《こと》はこれなき事《こと》に付《つ》き、その間《あいだ》には必《かなら》ず尽力《じんりょく》の次第《しだい》きっとこれあり候《そうろう》との事《こと》。

四、これなりにて幕兵東帰《ばくへいとうき》せしときは、きっと朝廷《ちょうてい》に申《もう》し上《あ》げ、すぐさま（長州《ちょうしゅう》の）冤《えん》罪《ざい》は朝廷《ちょうてい》より御免《ごめん》に相成《あいな》り候《そうろう》都合《つごう》にきっと尽力《じんりょく》との事《こと》。

五、兵士《へいし》をも上国《じょうこく》の上《うえ》、橋《はし》・会《かい》・桑等《そうなど》も只今《ただいま》の如《ごと》き次第《しだい》にて、勿体《もったい》なくも朝廷《ちょうてい》を擁《よう》し奉《たてまつ》り、正義《せいぎ》を抗《こば》み、周旋尽力《しゅうせんじんりょく》の道《みち》を相遮《あいさえぎ》り候《そうろう》ときは、ついに決戦《けっせん》に及《およ》ぶのほかはこれなくとの事《こと》。

六、冤罪《えんざい》も御免《ごめん》の上《うえ》は、双方誠心《そうほうせいしん》をもって相合《あいがっ》し、皇国《こうこく》の御為《おんため》に砕身尽力《さいしんじんりょく》つかまつり候《そうろう》事《こと》は申《もう》すに及《およ》ばず、いずれの道《みち》にしても、今日《こんにち》より双方皇国《そうほうこうこく》の御為《おんため》、皇威相輝《こういあいかがや》き御《ご》回復《かいふく》に立《た》ち至《いた》り候《そうろう》を目途《めど》に誠心《せいしん》を尽《つく》し、きっと尽力《じんりょく》つかまつるべしとの事《こと》。

竜馬《りょうま》はその書面《しょめん》の裏《うら》に「表《おもて》に御記《おんしる》しになられ候《そうろう》六条《じょう》は、小《しょう》・西両氏及《せいりょうしおよ》び老兄《ろうけい》・龍等《りゅうら》も御《ご》同席《どうせき》にて談論《だんろん》せし所《ところ》にて、毛《もう》も相違《そうい》これなく候《そうろう》。後来《こうらい》といえども決《けっ》して変《かわ》り候事《そうろうこと》これなきは、神明《しんめい》の知《し》る所《ところ》に御座候《ござそうろう》」と書《か》きいれて返送《へんそう》した。

このなかの「小《しょう》」は薩摩藩家老《さつまはんかろう》の小松帯刀《こまつたてわき》、「西《せい》」は西郷吉之助《さいごうきちのすけ》、「老兄《ろうけい》」は桂小五郎《かつらこごろう》であり、「龍《りゅう》」は坂本竜馬自身《さかもとりょうまじしん》である。この人々《ひとびと》が同席《どうせき》して薩長連合《さっちょうれんごう》の密約《みつやく》を成立《せいりつ》させたことを明記《めいき》している。

この薩長秘密軍事同盟《さっちょうひみつぐんじどうめい》が成立《せいりつ》したころ、幕府《ばくふ》は長州征伐《ちょうしゅうせいばつ》の準備《じゅんび》をいそぎ、五カ月後《げつご》の慶《けい》応《おう》二年《ねん》六月《がつ》、長州《ちょうしゅう》の四《よっ》つの国境《こっきょう》から攻撃《こうげき》してきた。この戦争《せんそう》に薩摩《さつま》は参加《さんか》していない。幕《ばく》長戦争《ちょうせんそう》の成《な》りゆきを見守《みまも》ったのだ。もし長州軍《ちょうしゅうぐん》が敗北《はいぼく》したら、次《つぎ》の対策《たいさく》を考《かんが》える。それが薩摩《さつま》の老獪《ろうかい》な政治力《せいじりょく》というものだった。絶対《ぜったい》に負《ま》けられない戦争《せんそう》である。

四境《しきょう》の戦《たたか》い

長州再征《ちょうしゅうさいせい》の令《れい》を発《はっ》して一年《ねん》二カ月後《げつご》の慶応《けいおう》二年《ねん》六月七日《がつなのか》、ついに幕府《ばくふ》は長州攻撃《ちょうしゅうこうげき》の火《ひ》ぶたをきった。

幕府《ばくふ》は、芸州口《げいしゅうぐち》（広島県《ひろしまけん》）、大島口《おおしまぐち》（山口県大島郡《やまぐちけんおおしまぐん》）、九州口《きゅうしゅうぐち》（福岡県小倉《ふくおかけんこくら》）、石州口《せきしゅうぐち》（島《しま》根県《ねけん》）の四方面《しほうめん》から長州《ちょうしゅう》を包囲《ほうい》し、一挙《いっきょ》に藩内《はんない》に攻《せ》めこもうという作戦《さくせん》を立《た》てた。海陸《かいりく》の国境《こっきょう》四カ所《しょ》で戦《たたか》ったので、長州《ちょうしゅう》ではこれを「四境戦争《しきょうせんそう》」という。

七日《なのか》、幕府《ばくふ》の軍艦《ぐんかん》が大島郡《おおしまぐん》を砲撃《ほうげき》し、幕府《ばくふ》直属《ちょくぞく》の兵《へい》と松山藩兵《まつやまはんぺい》が全島《ぜんとう》を占領《せんりょう》してしまった。海陸軍参謀《かいりくぐんさんぼう》として下関《しものせき》にいた高杉晋作《たかすぎしんさく》はこの報《ほう》に接《せつ》すると、ただちに長州軍艦《ちょうしゅうぐんかん》丙寅丸《へいいんまる》に乗《の》り大島《おおしま》に急行《きゅうこう》した。

月明《げつめい》の夜《よる》である。久賀沖《くかおき》に停泊《ていはく》していた四隻《せき》の幕艦《ばくかん》のあいだに侵入《しんにゅう》した丙寅丸《へいいんまる》は、自由《じゆう》に走《はし》りまわりながら、大砲《たいほう》をぶっぱなした。奇襲攻撃《きしゅうこうげき》をかけて、まず敵《てき》の度胆《どぎも》をぬこうという作戦《さくせん》である。

この攻撃《こうげき》で元気《げんき》づいた第《だい》二奇《き》兵隊《へいたい》は、十四日《か》の夜《よる》、大島郡《おおしまぐん》に上陸《じょうりく》して反撃《はんげき》を開始《かいし》した。十六日《にち》には幕兵《ばくへい》を撃退《げきたい》、完全《かんぜん》に奪回《だっかい》した。

大島口《おおしまぐち》と前後《ぜんご》して芸州口《げいしゅうぐち》、石州口《せきしゅうぐち》でも戦《たたか》いがはじまったが、いずれも長州軍《ちょうしゅうぐん》優勢《ゆうせい》のうちに戦闘《せんとう》は進《すす》んでいった。

芸州口《げいしゅうぐち》は井上聞多《いのうえもんた》、河瀬安四郎《かわせやすしろう》が指揮《しき》し、幕軍《ばくぐん》の彦根《ひこね》、高田《たかだ》両藩《りょうはん》の兵《へい》をやぶって芸州領《げいしゅうりょう》に侵攻《しんこう》した。そこで幕府《ばくふ》麾下《きか》（直属《ちょくぞく》）の兵《へい》と紀州軍《きしゅうぐん》が反攻《はんこう》に出《で》た。これはフランスのあとおしで洋式訓練《ようしきくんれん》をうけた強力《きょうりょく》な軍団《ぐんだん》である。

新式《しんしき》のミニエー銃《じゅう》で装備《そうび》した長州軍《ちょうしゅうぐん》は、大軍《たいぐん》を相手《あいて》に、互角《ごかく》の戦《たたか》いを進《すす》め、二カ月《げつ》にわたって激戦《げきせん》をくりひろげた。

そのころになって、芸州《げいしゅう》（広島《ひろしま》）藩《はん》はひそかに長州藩《ちょうしゅうはん》と提携《ていけい》する方向《ほうこう》にかたむいてきた。芸州軍《げいしゅうぐん》は幕兵《ばくへい》と長州兵《ちょうしゅうへい》とのあいだにわってはいり、両者《りょうしゃ》の戦火《せんか》を遮断《しゃだん》してしまったのだ。これによって、芸州口《げいしゅうぐち》の戦《たたか》いは、事実上《じじつじょう》終結《しゅうけつ》した。

石州《せきしゅう》（島根《しまね》）口《ぐち》では村田蔵六《むらたぞうろく》（このころ大村益次郎《おおむらますじろう》と改名《かいめい》）と杉孫七郎《すぎまごしちろう》が全軍《ぜんぐん》の指揮《しき》をとった。ここでは長州藩《ちょうしゅうはん》に好意《こうい》を持《も》つ津和野藩《つわのはん》が道《みち》をひらいてくれたので、長州軍《ちょうしゅうぐん》は、難《なん》なく浜田領《はまだりょう》に進撃《しんげき》した。

浜田《はまだ》に集結《しゅうけつ》した浜田《はまだ》・紀州《きしゅう》・福山藩兵《ふくやまはんぺい》との激戦《げきせん》となったが、大村益次郎《おおむらますじろう》のすぐれた洋式《ようしき》戦術《せんじゅつ》により、敵《てき》を圧倒《あっとう》した。

幕軍《ばくぐん》は退却《たいきゃく》し、浜田藩主松平右近将監《はまだはんしゅまつだいらうこんしょうげん》は、七月《がつ》十八日《にち》に城《しろ》を焼《や》いて松江《まつえ》にのがれた。三《みっ》つの国境《こっきょう》における戦《たたか》いは、そのようにして長州軍《ちょうしゅうぐん》が凱歌《がいか》をあげた。のこるは九州口《きゅうしゅうぐち》である。

小倉《こくら》には、小倉《こくら》・熊本《くまもと》・久留米《くるめ》・唐津《からつ》など各藩《かくはん》をあわせた二万《まん》の幕軍《ばくぐん》が集結《しゅうけつ》した。これを迎撃《げいげき》する長州軍《ちょうしゅうぐん》は、奇兵隊《きへいたい》と報国隊《ほうこくたい》をあわせてわずか千人《せんにん》である。四境《しきょう》に戦力《せんりょく》を分散《ぶんさん》しているのだから、戦闘員《せんとういん》はそれだけしかいない。

小倉戦争《こくらせんそう》は、四境戦争中《しきょうせんそうちゅう》最大《さいだい》の戦《たたか》いとなり、九州側《きゅうしゅうがわ》では豊長《ほうちょう》の役《えき》とも呼《よ》んでいる。あらためて海陸軍参謀《かいりくぐんさんぼう》を命《めい》じられた高杉晋作《たかすぎしんさく》がこの戦争《せんそう》の指揮《しき》をとった。苦戦《くせん》はしたが、晋《しん》作《さく》のたくみな戦術《せんじゅつ》と、奇兵隊《きへいたい》が装備《そうび》した新式小銃《しんしきしょうじゅう》が威《い》力《りょく》を発揮《はっき》して、ここでも敵《てき》を撃破《げきは》した。

この戦《たたか》いの途中《とちゅう》、将軍家茂《しょうぐんいえもち》が病死《びょうし》した。戦況悪化《せんきょうあっか》と将軍《しょうぐん》の死《し》で幕軍《ばくぐん》は戦意《せんい》をうしない、征長軍《せいちょうぐん》は撤退《てったい》、四境戦争《しきょうせんそう》は、長州軍《ちょうしゅうぐん》の圧倒的優勢《あっとうてきゆうせい》のうちに終結《しゅうけつ》した。

長州軍《ちょうしゅうぐん》がわずかな兵《へい》で、幕府《ばくふ》の大軍《たいぐん》を撃退《げきたい》し得《え》たのは、竜馬《りょうま》をつうじて薩摩《さつま》から提供《ていきょう》された新式小銃《しんしきしょうじゅう》の威《い》力《りょく》によるものであったことはいうまでもない。

第《だい》二次長州征伐《じちょうしゅうせいばつ》の失敗《しっぱい》は、一挙《いっきょ》に幕府《ばくふ》の衰亡《すいぼう》をうながした。長州軍《ちょうしゅうぐん》勝利《しょうり》を見《み》とどけた薩摩《さつま》が、いよいようごき出《だ》す。薩長秘密軍事同盟《さっちょうひみつぐんじどうめい》がようやくすがたをあらわし、怪獣《かいじゅう》のような出撃《しゅつげき》を開始《かいし》するのである。

薩摩《さつま》からは五代才助《ごだいさいすけ》（友厚《ともあつ》）が竜馬《りょうま》とともに長州藩《ちょうしゅうはん》との折衝《せっしょう》にあたり、蒸気船《じょうきせん》、施条砲《せじょうほう》、弾薬《だんやく》など大量《たいりょう》の武器《ぶき》を長州《ちょうしゅう》に持《も》ちこんできた。かつてのライバルは同盟国《どうめいこく》としての交流《こうりゅう》を深《ふか》め、たがいに力《ちから》を鼓舞《こぶ》してきたるべき日《ひ》にそなえた。

翌慶応《よくけいおう》三（一八六七）年《ねん》十月《がつ》、大久保一蔵《おおくぼいちぞう》（利通《としみち》）と大山格之助《おおやまかくのすけ》（綱良《つなよし》）が兵《へい》を満載《まんさい》した薩摩《さつま》の軍艦《ぐんかん》で周防三田尻《すおうみたじり》にはいり、あらためて長州藩《ちょうしゅうはん》と倒幕出兵《とうばくしゅっぺい》の盟約《めいやく》をむすんだ。薩長《さっちょう》の全《ぜん》軍《ぐん》が勢《せい》ぞろいし、京都《きょうと》をめざして出航《しゅっこう》したのは十一月《がつ》二十五日《にち》だった。

エピローグ

維新の三傑

桂小五郎《かつらこごろう》は薩長連合成立《さっちょうれんごうせいりつ》の年《とし》の慶応《けいおう》二年《ねん》九月《がつ》、藩主《はんしゅ》の命令《めいれい》で木戸準一郎《きどじゅんいちろう》と改名《かいめい》した。

幕府《ばくふ》のおたずね者《もの》になった藩士《はんし》を改名《かいめい》させるのはめずらしくない。

それからのち彼《かれ》の意志《いし》で木戸孝允《きどたかよし》と改名《かいめい》した。

開明派《かいめいは》にふさわしく近代人《きんだいじん》らしい名《な》を選《えら》んだが、彼《かれ》の人生《じんせい》でもっとも生《い》き生《い》きと活動《かつどう》し、魅力《みりょく》を発散《はっさん》したのは桂小五郎時代《かつらこごろうじだい》であり、それこそが「憂《うれ》い顔《がお》の剣士《けんし》」にふさわしい名《な》であるから、もうすこし彼《かれ》のことを書《か》きたすのに、やはり小五郎《こごろう》の名《な》を使《つか》おう。

明治元《めいじがん》(一八六八)年《ねん》、小五郎《こごろう》は三十六歳《さい》である。

好男子《こうだんし》の相貌《そうぼう》はおとろえず、
明治《めいじ》四年《ねん》、岩倉《いわくら》使節《しせつ》団《だん》の副使《ふくし》として、
アメリカ・ヨーロッパ回覧《かいらん》の旅《たび》に出《で》るときの
断髪《だんぱつ》とフロック・コートがよく似合《にあ》った。

この旅行中《りょこうちゅう》はおさまっていたが、
小五郎《こごろう》は持病《じびょう》に苦《くる》しんでいた。
原因不明《げんいんふめい》の激《はげ》しい頭痛《ずつう》である。
馬車《ばしゃ》の車輪《しゃりん》が小石《こいし》をまたいだだけでも痛《いた》みでとびあがった。
お雇外人《やといがいじん》の医師《いし》ボードインのすすめで
からだじゅうに蛭《ひる》を吸《す》いつかせ、
血《ち》を吸《す》わせたが効果《こうか》はなかった。

小五郎《こごろう》のそのころの日記《にっき》には、
連日《れんじつ》「脳痛《のうつう》」の書《か》きこみがある。
病苦《びょうく》のために、晩年《ばんねん》は存分《ぞんぶん》の仕事《しごと》はできなかったともいわれる。
それでも小五郎《こごろう》の業績《ぎょうせき》の第一《だいいち》に挙《あ》げなければならないのは、
「五か条《じょう》の誓文《せいもん》」の起草《きそう》に参加《さんか》したことだ。
「五か条《じょう》の誓文《せいもん》」は、明治政府《めいじせいふ》の基本政策方針《きほんせいさくほうしん》をしめしたもの。
由利公正《ゆりきみまさ》らの原案《げんあん》に、小五郎《こごろう》(木戸孝允《きどたかよし》)が手《て》をいれ修正《しゅうせい》した。

一　広《ひろ》く会議《かいぎ》を興《おこ》し、万機公論《ばんきこうろん》に決《けっ》すべし。
(すべてひらかれた論議《ろんぎ》によって決《き》めよう)
一　上下心《しょうかこころ》を一《いつ》にして、盛《さか》んに経綸《けいりん》を行《おこな》うべし。
(みんな心《こころ》をひとつにして国《くに》をおさめ、ととのえる)

一　官武《かんぶ》一途《いっと》庶民《しょみん》に至《いた》るまで、各志《かくこころざし》を遂《と》げ、人心《じんしん》をして倦《う》まざらしめんことを要《よう》す。

（すべての国民《こくみん》が希望《きぼう》を抱《いだ》き、生活《せいかつ》に疲《つか》れたり、いやになったりしない社会《しゃかい》をつくろう）

一　旧来《きゅうらい》の陋習《ろうしゅう》を破《やぶ》り、天地《てんち》の公道《こうどう》に基《もと》づくべし。

（古《ふる》い悪習《あくしゅう》をすてて、正《ただ》しい道《みち》をもとめよう）

一　智識《ちしき》を世界《せかい》に求《もと》め、大《おお》いに皇基《こうき》を振起《しんき》すべし。

（新知識《しんちしき》を世界《せかい》にもとめ国《くに》を栄《さか》えさせよう）

――原文《げんぶん》カタカナ――

これに近代的立憲思想《きんだいてきりっけんしそう》の源《みなもと》をみることはできないという学者《がくしゃ》もいる。しかし「公論《こうろん》に決《けっ》し」「各志《かくこころざし》を遂《と》げ」

「陋習《ろうしゅう》をやぶり」「智識《ちしき》を世界《せかい》にもとめ」ようという
これらの文言《もんごん》のなんとすばらしいことか。
開明派《かいめいは》の志士《しし》・桂小五郎《かつらこごろう》の魂《たましい》が躍《おど》っているではないかと
あえて讃《たた》えよう。

小五郎《こごろう》はそのほか
総裁局顧問《そうさいきょくこもん》・参議《さんぎ》などを歴任《れきにん》して明治政府《めいじせいふ》の中心《ちゅうしん》にあり、
幕藩体制《ばくはんたいせい》を解体《かいたい》する版籍奉還《はんせきほうかん》・廃藩置県《はいはんちけん》を推進《すいしん》した。
西郷隆盛《さいごうたかもり》が鹿児島《かごしま》の士族《しぞく》に推《お》されて政府《せいふ》に反抗《はんこう》、
蜂起《ほうき》した明治《めいじ》十(一八七七)年《ねん》の西南戦争《せいなんせんそう》のときは、
京都《きょうと》の行在所《あんざいしょ》で明治天皇《めいじてんのう》の側近《そっきん》にあり、
事変処理《じへんしょり》にあたったが、

五月二十六日《がつにち》、持病《じびょう》が悪化《あっか》して急逝《きゅうせい》した。
西郷《さいごう》が城山《しろやま》で自決《じけつ》するおよそ四カ月前《げつまえ》だった。
西郷《さいごう》は小五郎《こごろう》にとって、わすれられない人《ひと》である。
「西郷《さいごう》も大抵《たいてい》に（いい加減《かげん》に）せんか」
小五郎《こごろう》は最後《さいご》にそうつぶやいて息《いき》をひきとった。
翌明治十一年四月《よくめいじねんがつ》、盟友西郷《めいゆうさいごう》を敵《てき》にまわして
西南戦争《せいなんせんそう》を指導《しどう》した大久保利通《おおくぼとしみち》が
東京紀尾井坂《とうきょうきおいざか》で暗殺《あんさつ》された。

小五郎《こごろう》　四十五歳《さい》
大久保《おおくぼ》　四十九歳《さい》
西郷《さいごう》　五十一歳《さい》

維新《いしん》の三傑《けつ》とうたわれるこの三人《にん》が、
奇《く》しくもおなじ時期《じき》にたおれたのは、
明治維新《めいじいしん》の終《お》わりを告《つ》げる、
いかにも象徴的《しょうちょうてき》な出来事《できごと》だった。

アメリカで撮《と》った小五郎《こごろう》の手札型《てふだがた》の写真《しゃしん》は、
彼《かれ》の死後《しご》、東京《とうきょう》で焼《や》き増《ま》しして売《う》られ、
京都《きょうと》でもひっぱりだこだった。
ブロマイドがそんなに売《う》れた日本《にほん》の政治家《せいじか》は、
あとにも先《さき》にも小五郎《こごろう》だけである。
蝶《ちょう》ネクタイをむすんだ「憂《うれ》い顔《がお》の剣士《けんし》」桂小五郎《かつらこごろう》は、
やはりハンサムだ。

でも京都時代祭《きょうとじだいまつり》の行列《ぎょうれつ》の先頭《せんとう》を歩《ある》いてくる
黒紋付《くろもんつき》に二本差《にほんざ》し、眉秀《まゆひい》でたるサムライは、だれでもない、
美女幾松《びじょいくまつ》の恋人《こいびと》、勤王《きんのう》の志士《しし》・桂小五郎《かつらこごろう》である。

あとがき

ペリー来航《らいこう》という日本史上《にほんしじょう》の大事件《だいじけん》に遭遇《そうぐう》したとき、桂小五郎《かつらこごろう》が痛感《つうかん》したのは、すぐれた欧米《おうべい》の軍事力《ぐんじりょく》でした。日本人《にほんじん》の剣術《けんじゅつ》ではそれに対抗《たいこう》できないと悟《さと》った彼《かれ》は、軍事的《ぐんじてき》な知《ち》識《しき》をもとめて行動《こうどう》を起《お》こします。開明派《かいめいは》としての出発《しゅっぱつ》でした。そのやり方《かた》は現実《げんじつ》の「物《もの》」に接触《せっしょく》するということでした。まずは砲台築造《ほうだいちくぞう》の工事《こうじ》に従事《じゅうじ》して国防《こくぼう》の実際《じっさい》を経験《けいけん》します。次《つぎ》は砲術《ほうじゅつ》、小銃術《しょうじゅうじゅつ》、さらに軍艦《ぐんかん》の作《つく》り方《かた》を学《まな》ぶために造船《ぞうせん》の現場《げんば》にも立《た》ち会《あ》います。

近代兵器《きんだいへいき》の実体《じったい》をつかんだ彼《かれ》の関心《かんしん》は、戦術《せんじゅつ》に移《うつ》っていきますが、村田蔵六《むらたぞうろく》（のちの大《おお》村益次郎《むらますじろう》）という軍事専門家《ぐんじせんもんか》を起用《きよう》します。人々《ひとびと》の力《ちから》を総合《そうごう》し、一定《いってい》の目的《もくてき》を遂《と》げようとする高次《こうじ》な政治性《せいじせい》を発揮《はっき》しながら、藩論《はんろん》を倒幕《とうばく》にみちびいていきました。

小五郎《こごろう》は医師《いし》の子《こ》として生《う》まれ、武家《ぶけ》の養子《ようし》になってからも長《なが》く実家《じっか》で暮《く》らしたせいで、物事《ものごと》のようすを医者《いしゃ》の目《め》で観察《かんさつ》するようになっていました。幕政《ばくせい》がゆきづまり「患者《かんじゃ》」になった日本《にほん》の状況《じょうきょう》を憂《うれ》えていたのです。対馬藩士《つしまはんし》大島友之允《おおしまとものじょう》に宛《あ》てた手紙《てがみ》に、「今日《こんにち》の長《ちょう》州《しゅう》も皇国《こうこく》の病《やまい》を治《なお》し候《そうろう》には、よき道具《どうぐ》と存《ぞん》じ候《そうろう》」と書《か》いています。長州藩《ちょうしゅうはん》は病《や》んだ日本国《にほんこく》の大手術《だいしゅじゅつ》に使《つか》うメスのようなものだといっているのです。武士《ぶし》にとって「国《くに》」というのは、自分《じぶん》に禄《ろく》を支給《しきゅう》してくれる「藩《はん》」のことで、日本《にほん》という国家《こっか》観念《かんねん》はなかったのです。幕府《ばくふ》の多《おお》くの官僚《かんりょう》たちにも「国家《こっか》の政治《せいじ》」という自覚《じかく》はありませんでした。だから幕府《ばくふ》権力《けんりょく》を維持《いじ》するだけの目的《もくてき》で、安政《あんせい》の大獄《たいごく》のような暴政《ぼうせい》をやったのです。小五郎《こごろう》はそのような幕《ばく》府《ふ》を倒《たお》すために、自分《じぶん》の郷里《きょうり》である長州藩《ちょうしゅうはん》をも手段《しゅだん》とし利用《りよう》すると断言《だんげん》したのでした。老《ろう》朽化《きゅうか》した封建組織《ほうけんそしき》の藩《はん》そのものが、新《あたら》しい社会《しゃかい》には不要《ふよう》のものだと考《かんが》えていました。

　小五郎《こごろう》は情熱《じょうねつ》の人《ひと》でしたが激情《げきじょう》にかられて突進《とっしん》することはなく、状況《じょうきょう》を冷静《れいせい》に見据《みす》えたうえで決断《けつだん》をくだし、そして大胆《だいたん》な行動《こうどう》も展開《てんかい》しました。怜悧《れいり》（賢《かしこ》い、利口《りこう》）な頭脳《ずのう》の持《も》ち主《ぬし》だったといえます。しかし怜悧《れいり》や打算《ださん》（損得《そんとく》を計算《けいさん》する）だけでは、激動《げきどう》の時代《じだい》を駆《か》け、歴史《れきし》にのこるほどの仕事《しごと》はできなかったはずです。

　志士《しし》としての桂小五郎《かつらこごろう》、また政治家《せいじか》としての木戸孝允《きどたかよし》という二《ふた》つの顔《かお》があります。木戸《きど》孝允《たかよし》になってからも新政府《しんせいふ》の重要《じゅうよう》な仕事《しごと》をしていますが、残念《ざんねん》なことに晩年《ばんねん》は病苦《びょうく》につきまとわれてしまいました。この本《ほん》では、維新史《いしんし》に焼《や》きつけられた沈着《ちんちゃく》な志士《しし》のイメージと薩長同盟《さっちょうどうめい》をむすぶまでの憂国《ゆうこく》の美男剣士《びなんけんし》桂小五郎像《かつらこごろうぞう》にしぼりました。

紀元《きげん》二〇〇四年夏《ねんなつ》

古川《ふるかわ》　薫《かおる》

幕末《ばくまつ》の藩名《はんめい》とおもな都市《とし》

桂《かつら》小五郎《こごろう》略年譜《りゃくねんぷ》

年代《ねんだい》	小五郎《こごろう》のあゆみと国内《こくない》のうごき	
天保《てんぽう》四年《ねん》 一八三三	六月《がつ》二十六日《にち》、長門《ながと》萩藩医《はぎはんい》和田《わだ》昌景《しょうけい》の長男《ちょうなん》として萩《はぎ》城下《じょうか》に生《う》まれる。	一歳《さい》
天保《てんぽう》十一年《ねん》 一八四〇	四月《がつ》十三日《にち》、萩藩士《はぎはんし》桂九郎兵衛《かつらくろべえ》の養子《ようし》となる。同日《どうじつ》九郎兵衛《くろべえ》没《ぼつ》。	八歳《さい》
嘉永《かえい》二年《ねん》 一八四九	十月《がつ》、吉田松陰《よしだしょういん》門下《もんか》となる（軍学《ぐんがく》）。	十七歳《さい》
嘉永《かえい》五年《ねん》 一八五二	九月《がつ》、剣術修行《けんじゅつしゅぎょう》のため自費《じひ》で江戸遊学《えどゆうがく》、斎藤弥九郎《さいとうやくろう》の練兵館《れんぺいかん》にはいる。	二十歳《さい》
安政《あんせい》五年《ねん》 一八五八	八月十日《がつとおか》、大検使《だいけんし》となり江戸《えど》番手《ばんしゅ》に任《にん》じられる。戊午《ぼご》の密勅《みっちょく》発《はっ》せられる。	二十六歳《さい》
安政《あんせい》六年《ねん》 一八五九	十月《がつ》二十七日《にち》、処刑《しょけい》された松陰《しょういん》の遺体《いたい》を回向院《えこういん》に埋葬《まいそう》する。	二十七歳《さい》
万延元年《まんえんがんねん》 一八六〇	三月三日《がつみっか》、井伊直弼《いいなおすけ》暗殺《あんさつ》さる。七月《がつ》、丙辰丸《へいしんまる》で水戸《みと》藩士《はんし》西丸帯刀《さいまるたてわき》と会見《かいけん》、水長密約《すいちょうみつやく》を結《むす》ぶ。	二十八歳《さい》
文久《ぶんきゅう》三年《ねん》 一八六三	五月《がつ》十一日《にち》、攘夷戦《じょういせん》はじまる。七月《がつ》、久坂玄瑞《くさかげんずい》とともに三条実美《さんじょうさねとみ》に会《あ》い攘夷親征《じょういしんせい》を進言《しんげん》する。	三十一歳《さい》
元治元年《げんじがんねん》	四月《がつ》、京都留守居役《きょうとるすいやく》就任《しゅうにん》。六月五日《がついつか》、新選組池田屋《しんせんぐみいけだや》	

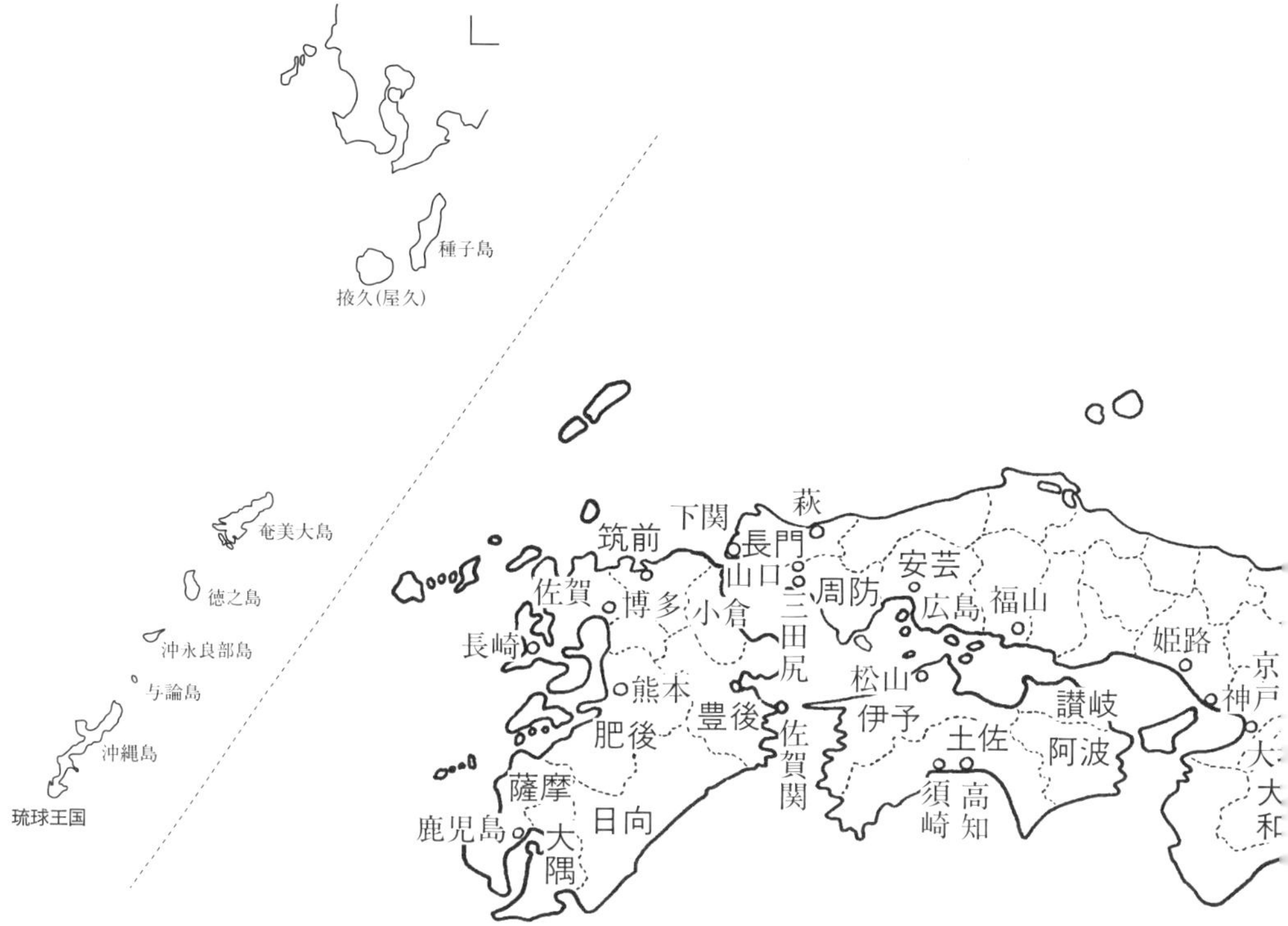

一八六四	事件《じけん》。七月《がつ》、蛤御門《はまぐりごもん》の変後《へんご》、出石《いずし》に潜伏《せんぷく》。	三十二歳《さい》
慶応元年《けいおうがんねん》 一八六五	四月《がつ》二十六日《にち》、出石《いずし》から帰国《きこく》し、下関着《しものせきちゃく》。閏《うるう》五月三日《がつみっか》、坂本竜馬《さかもとりょうま》と会談《かいだん》。九月《がつ》二十一日《にち》、第二次長州征伐令《だいにじちょうしゅうせいばつれい》が出《で》る。	三十三歳《さい》
慶応二年《けいおうねん》 一八六六	一月八日《がつようか》、京都薩摩藩邸《きょうとさつまはんてい》にはいり西郷《さいごう》らと会談《かいだん》。薩長同盟《さっちょうどうめい》を結《むす》ぶ。六月《がつ》、四境戦争《しきょうせんそう》はじまる。	三十四歳《さい》
慶応三年《けいおうねん》 一八六七	八月《がつ》二十一日《にち》、軍政総掛《ぐんせいそうがか》りに任《にん》じ国政方《こくせいかた》を命《めい》じられる。十二月九日《がつここのか》、王政復古大号令《おうせいふっこだいごうれい》くだる。	三十五歳《さい》
明治元年《めいじがんねん》 一八六八	一月《がつ》二十五日《にち》、新政府太政官《しんせいふだじょうかん》に出仕《しゅつし》、徴士《ちょうし》として総《そう》裁局顧問《さいきょくこもん》となる。七月《がつ》二十三日《にち》、毛利敬親《もうりたかちか》に、藩籍《はんせき》奉還《ほうかん》を説《と》く。	三十六歳《さい》
明治四年《めいじねん》 一八七一	十一月《がつ》十二日《にち》、岩倉使節団副使《いわくらしせつだんふくし》として、米欧回覧《べいおうかいらん》の途《と》につく。	三十九歳《さい》
明治六年《めいじねん》 一八七三	七月《がつ》二十三日《にち》、憲法制定《けんぽうせいてい》の意見書《いけんしょ》を政府《せいふ》に提出決裁《ていしゅつけっさい》を請《こ》う。	四十一歳《さい》
明治七年《めいじねん》 一八七四	二月《がつ》、佐賀《さが》の乱起《らんお》こる。五月六日《がつむいか》、参議《さんぎ》を辞任《じにん》。宮《く》内省《ないしょう》出仕《しゅつし》。このころ「脳痛《のうつう》」重《おも》くなる。	四十二歳《さい》
明治十年《めいじねん》 一八七七	二月《がつ》十五日《にち》、西南《せいなん》の役起《えきお》こる。四月《がつ》十八日《にち》、京都《きょうと》にはいる。五月《がつ》二十六日《にち》、死去《しきょ》。勲一等旭日大授章《くんいっとうきょくじつだいじゅしょう》。九月《がつ》、西郷隆盛《さいごうたかもり》、自決《じけつ》	四十五歳《さい》

古川　薫（ふるかわ　かおる）
1925年、山口県下関市に生まれる。山口大学卒業。山口新聞編集局長を経て文筆活動に入る。1991年、『漂泊者のアリア』で第104回直木賞を受賞する。著書に『正午位置』『ザビエルの謎』『高杉晋作 わが風雲の詩』『留魂の翼 吉田松陰の愛と死』『毛利一族』『軍神』などがある。

岡田嘉夫（おかだ　よしお）
1937年、兵庫県神戸市に生まれる。1971年から、さし絵の世界に入る。1973年、『その名は娼婦』他の作品で講談社出版文化賞（さし絵部門）を受賞。作品に『絵草子源氏物語』『源氏たまゆら』『絵双紙妖綺譚 朱鱗の家』『みだれ絵双紙 金瓶梅』などがある。

桂小五郎 奔れ！憂い顔の剣士　　時代を動かした人々（維新篇）

2004年11月9日　第1刷発行

著者／**古川《ふるかわ》　薫《かおる》**　　画家／**岡田嘉夫《おかだよしお》**
編集／上野和子
発行者／小峰紀雄

発行所／㈱**小峰書店**　〒162-0066 東京都新宿区市谷台町4-15
☎03-3357-3521　FAX03-3357-1027
http://www.komineshoten.co.jp/
本文組版／株式会社 タイプアンドたいぽ
印刷／株式会社 三秀舎　製本／小高製本工業株式会社

NDC913　
189P　22cm　ISBN4-338-17107-3